Knaur.

Im Knaur Taschenbuch Verlag sind bereits folgende Bücher von Oliver Kuhn (zusammen mit Daniel Wiechmann) erschienen:
Mein schwuler Friseur
Montag morgen und es ist draußen noch dunkel
Bumsen, Bügeln, Bergsteigen

Über die Autoren:
Oliver Kuhn hat die Deutsche Journalistenschule in München besucht und arbeitet als Reporter beim »Playboy«. Er ist Autor mehrerer Bücher.
Antje Steinhäuser lebt und arbeitet als freie Lektorin in München.
Veronika Immler ist Architektin und leidenschaftliche Fotografin.

Oliver Kuhn / Antje Steinhäuser /
Veronika Immler

Sorge dich nicht – fege!

*Die Kunst,
Frieden mit Wollmäusen und
Wäschebergen zu schließen*

Mit Fotos von Veronika Immler

Knaur Taschenbuch Verlag

Besuchen Sie uns im Internet:
www.knaur.de

Originalausgabe April 2006

Ein Unternehmen der Droemerschen Verlagsanstalt
Th. Knaur Nachf. GmbH & Co. KG, München

Redaktion: Marko Jacob
Umschlaggestaltung: ZERO Werbeagentur, München
Umschlagabbildung: Veronika Immler
Satz: Adobe InDesign im Verlag
Druck und Bindung: GGP Media GmbH, Pößneck
Printed in Germany
ISBN-13: 978-3-426-77859-3
ISBN-10: 3-426-77859-9

5 4 3 2 1

INHALT

Erstmals sind sich die führenden Buchkritiker einig: *Sorge dicht nicht – fege!* wurde soeben zum besten Buch Deutschlands gewählt.

Auch international sorgt das Werk für Furore.

Hier einige Zitate:

Das New Yorker Literal Magazin schreibt: »Das wichtigste Buch seit der Bibel!«

Die Londoner Ironic-Review lobt begeistert: »Noch nie in der Geschichte hat Haushalt so viel Spaß gemacht.«

Die Hausfrauen-Vereinigung von Mombasa jubelt: »Wer zum Teufel ist Günther Grass? Hoch leben die Autoren Veronika Immler, Antje Steinhäuser und Oliver Kuhn. Sie nehmen dem Dreck den Schreck.«

Aber lesen Sie selbst!

Verbrannt

Schöner frühstücken mit schwarzen Krümeln

Über Toaster könnte man ein ganzes Buch schreiben. Toaster sind ansprechend designte Haushaltsgeräte, vereinen den edlen Hauch von High-Tech und Edelstahl mit ein wenig Wärme und Behaglichkeit, die sie in die morgendliche Hetze bringen, bereiten unser täglich Brot zu einem knusprigen Extrahäppchen auf, lassen die frisch aus dem Kühlschrank geholte und bruchharte Butter dahinschmelzen, machen aus ihr ein streichzartes Häufchen, das nur so zu flehen scheint: Streichle mich auf dein Brot, es wird dabei auch ganz bestimmt nicht kaputtgehen.

Toaster haben Sensoren, entleerbare Krümelspeicher und jede Menge Stufen. Sie stehen für die große Errungenschaft der Menschen, sich ihr Essen warm machen zu können, es nicht roh und kalt herunterschlingen zu müssen wie ein Wolf das Reh oder ein Rauhfußkauz die Feldmaus. Sondern es in schlanken Scheiben dezent erwärmt und geröstet zu sich zu nehmen. Toaster sind die Fortentwicklung der Höhlenfeuer und der gusseisernen Herdstellen unserer Altvorderen. Toaster sind so betrachtet von völlig unterschätzter Symbolkraft: Schmelztiegel von Kultur und Lebensart und Denkstoff für Philosophen. Das Röstgerät ist genaugenommen mindestens so symbolträchtig für den Fortgang der Zivilisation wie das Messer, das Rad, das Penizillin. Was für ein großartiges Ding.

Aber: Toaster sind auch heimtückische Gesellen, halten selten, was sie versprechen. Unserer schon gar nicht. Er hat einen eigenen Willen, ist störrisch und stur. Heizt ein, wie es ihm beliebt, gibt die arme Weißbrotscheibe erst frei, wenn sie schwarz geworden ist. Und wenn wir hektisch beginnen, an ihm herumzuzerren, ihn dazu zu bewegen versuchen, das unschuldige Backwerk freizugeben, dann krallt er sich fest, wird heißer, so scheint es, will sich nicht öffnen und nicht ausschalten lassen, und wenn der Kampf ausgefochten und ein paar verbrannte Finger endlich das verrußte Baguetteschiffchen aus seinem Käfig befreien, dann ist das lediglich noch die Bergung einer Toten.

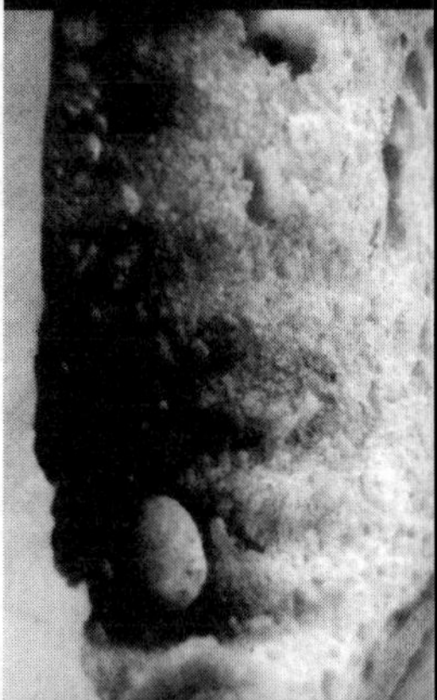

Aber es vergällt mir nicht länger meine Tage, dass Toaster nicht rösten, sondern köhlern, dass sie rauchen, statt zu duften, dass mich an den wochenendlichen Morgenden nicht etwa das Trällern eines Rotkehlchens oder das fröhliche Lachen meiner Kinder weckt, sondern das rauhe »kchrrr kchrrr« des Messers in der Hand meines bereits zu dieser frühen Stunde übellaunigen Gatten, der nachkratzt, ob unter der Kohleschicht noch ein Rest Essbares freizulegen ist. Nein, ganz und gar nicht, all das raubt mir nicht mehr meine Ruhe. Ein wenig Ruß und Rauch ist wie der Hauch der großen weiten rauhen Welt in meinen vier Wänden, die schwarzen Krümel haben etwas Zierliches an sich, wie vorwitzige kleine Schmucksprengsel, die von leichter Hand über die liebevoll gedeckte Tafel gestreut werden. Manch eine gibt viel Geld für so eine Optik aus. Auch das morgendliche Kratzgeräusch »kchrrr kchrrr« möchte ich inzwischen nicht mehr missen, steht es doch für den unermüdlichen Einsatz meines lieben Mannes im Dienste der Familie. Die Kinder wollen zwar meist doch nicht frühstücken, aber so bleibt mir der Anblick der schwarzen Scheibe den ganzen Morgen über - was rede ich, wenn ich will auch den ganzen Tag - erhalten. Schwarz trage ich sowieso viel lieber als das unappetitliche Goudagelb eines Kastenweißbrotes.

Vergessen

Aas der Neuzeit

Modrig. Irgendwas riecht hier verdammt modrig. So nach einem Ort, an dem sich diese ekligen kleinen Fliegen wohl fühlen würden, nach Verwesung und Zersetzung, nach schleimiger Konsistenz, nach biologischer Aktivität. Wie in den Everglades unter einer alten kranken Mangrove. Wir sind hier aber nicht in den Everglades. Sondern in unserem Wohnzimmer.

Ist etwa schon wieder eine von unseren kurzatmigen nordafrikanischen Wüstenspringmäusen eingegangen? Die Viecher sind aber auch empfindlich, trotz Wärmeisolierstroh, Vitaminknabsi und Mineralleckstein. Aber das roch neulich irgendwie anders, als wir die tote Springmaus unter dem Klingelball in der Käfigecke entdeckten. Oder schwimmt wieder einer von den Zierfischen bauchoben? Nein. Reinigen müsste ich das Aquarium zwar längst mal wieder, aber wirklich schlimm riecht's noch nicht.

Eklige Gerüche in neuzeitlichen Wohnungen sind der Horror. Nein, schlimmer: eine demütigende Versagensbescheinigung, ein Kainsmal: Hier wohnt niemand mehr, hier haust jemand. Jemand, der es trotz all der modernen Hilfestellungen nicht hinkriegt, ein

ästhetisches Mindestmaß zu halten, der sich vom urzeitlichen Joch des Gestanks, als der Mensch ohne Deo oder Kühlschrank oder Waschmaschine barbarisch vor sich hin wolkte, während die erlegte Hirschkuh hinter der Höhle vor sich hin gammelte, nicht zu befreien vermochte. Wieviel Aas vertrug der Urmensch wohl? Ob daran viele gestorben sind? Ob Acrylamat schädlicher ist? Ob …

Meine Güte, berserkisch dieser Gestank. Mein Kopf fliegt hin und her, die Nase im Wind. Woher kommen nur diese fiesen Schwaden? Das Sieb der Spülmaschine habe ich erst vorletzte Woche ausgespült, im Geheimfach des Bobbycar modert auch kein Leberwurstbrot vor sich hin, die Kindergartenrucksäcke habe ich erst gestern … – Die Vase. Die Blumenvase. In die ich vor elf Tagen Tulpen gesteckt habe, halbvoll mit Wasser und einem großzügigen Schuss Schnittblumendünger. Sie steht immer noch auf dem Kommödchen, obwohl ihr Inhalt schon längst nicht mehr als Augenweide zu bezeichnen ist. Die Blütenblätter sind abgestürzt und liegen verdröselt und angematscht auf der Kommodenplatte. Die Stengel lehnen schlapp am Keramikrand und weisen traurig gen Decke. Ich hab aber auch kein Händchen für so was. Und auch kein Auge. Die Blumen sind seit Tagen hinüber. Ich denke kurz und hektisch darüber nach, wer in der letzten Woche hier war und das Trauerspiel gesehen haben könnte, während ich ein paar Schritte näher trete. Bah, widerlich stinkt das. Nach faulfreudigem Lauch und toten Vogeljungen in einem verlassenen Nest und einem verendeten Alligator im Morast der Everglades. Aber in den Everglades sind wir ja nicht. Sollte ich mir das vielleicht wünschen? Wo sollte ich jetzt sein wollen? Unter freiem Himmel, an der frischen Luft. Bin ich aber nicht. Ich stehe in meinem stinkenden Wohnzimmer.

Wie kann ich die Brühe bloß in die Toilette leeren, ohne dabei zu kollabieren?

Gerade greife ich widerwillig nach der Vase, da durchfährt mich eine Welle der Entspannung. Was knechte ich mich eigentlich? Das pestilente Blumenwasser ist doch ein Zeichen. Ein Zeichen der Gelassenheit, des Laissez-faire in kleinen Dingen. Die dahingegangenen Tulpen sind ein Beweis für meine Toleranz, für meine beachtliche Fähigkeit, Prioritäten an den richtigen Stellen zu setzen. Kein kleinliches Aufräumen und Saubermachen, wenn ich in der Zeit genausogut einen Biomangoquark für meine Kinder zubereiten kann.

Ganz hübsch sind sie doch im übrigen anzusehen, die gefallenen Blätter. Der Gestank ist schließlich nur eine Komponente, die man nicht überbewerten sollte. Das Arrangement der gestorbenen Blüten auf meiner Kommode erinnert mich an den morbiden Charme der expressionistischen Lyriker, an eine Dekoration wie eine sprachliche Endzeitstimmung, an Trakls und Georges und Benns heftigste Gedichte. »Ruhe sanft, kleine Aster ... trinke dich satt in deiner Vase« ... mein Vasenbrackwasser ist doch nichts gegen die Brusthöhle eines ersoffenen Bierfahrers. Als ich im Proseminar für Neuere deutsche Literatur ...

Aber ich schweife ab. Ich halte die Vase mit ihrem stinkenden Inhalt in der Hand. Der Geruch macht mich ganz wirr. Aber ich bin nicht blind für die Zeichen der Zeit: Hier hat meine beneidenswerte Gelassenheit dann doch ein Ende. Wenn's in der Wohnung anfängt zu stinken, als hätte mein Mann vor Tagen eine tote Hirschkuh in die Abstellkammer gestopft, reagiere ich natürlich. Perfektes Timing.

Verkehrt

Wie nur kommen Bewegung in dieses Tasse?

Es wäre wirklich übertrieben, wenn ich sagen würde, dass unsere Putzfrau eine Schneise der Verwüstung zurücklässt. Es wäre auch nicht ganz richtig, wenn ich behaupten würde, dass sie mehr kaputtmacht als sauber. Sie wischt ja durchaus den Staub und Dreck, den, der schön offensichtlich und leicht zugänglich in der Mitte irgendwelcher Flächen in Bauch- und Brusthöhe liegt. Sie saugt auch an den Stellen, die sie bequem erreicht. Und sie bearbeitet in der Tat den Boden mit einem Lappen, wobei sie in eleganten Kurven an den Ecken vorbeizieht. Wer richtet den Blick schon gern auf Krisenherde.

Dafür trinkt Marija vier bis fünf große Becher Kaffee und verbraucht dabei mindestens einen halben Liter Milch, derweil sie mich in kroatischem Deutsch wissen lässt, wie es ihr selbst und ihrer gesamten Sippe geht. Die alte Nevenka hat's wieder im Kreuz, Suzana könnte eine Finanzspritze gebrauchen und Petor ist immer noch nicht darüber hinweggekommen, dass seine Frau ihn wegen eines ungarischen Fliesenlegers hat sitzenlassen. Da kann es im Eifer des Informationsgefechts schon mal passieren, dass eine Tasse über den Rand der

Arbeitsfläche kippt und auf dem frisch gewischten Küchenboden zerschellt. »Ooooh«, ertönt es da, »ooooh, ich nix berührt! Wie nur kommen Bewegung in Tasse?« Untröstlich fügt Marija hinzu: »Tut mir so unendlich leid, aber ich nix kann erklären, wie kommt Bewegung in dieses Tasse!« Ich habe auch keine Erklärung dafür. Also habe ich halt einfach eine Tasse weniger.

Etwas betrübter bin ich da schon darüber, dass das kleine Bronzefigürchen im Wohnzimmer nur noch lose auf seinem Marmorständerchen aufsitzt. Ein Sturz in die Tiefe hat den Kleinen aus seiner Verankerung gerissen. Marija hatte mal wieder nicht bedacht, dass es eine unmittelbare Auswirkung auf Vasen, Figürchen, Bilderrahmen und Stellhinchen haben könnte, wenn sie das Staubsaugerkabel in kühnem Schwung um die Möbel herumschleudert wie ein Cowboy bei der Kälberhatz. Marija bedenkt ohnehin den einen oder anderen Aspekt ihres Wirkens nicht ganz zureichend. So kennt sie prinzipiell nur eine Sorte Ordnung: die der Haufen und Stapel.

Da hilft kein Flehen, Zetern oder geduldiges Erläutern meinerseits: unsere Schreibtische empfindet Marija als chaotische Stätten, gegen die sie nur ein Mittel kennt: Zugreifen und Übereinanderpacken. Hoch aufgetürmt finden mein Mann und ich wieder, was wir liebevoll in eine sinnvolle Ordnung ausgebreitet und horizontal geschichtet hatten. Den gewonnenen freien Platz nutzt Marija gern für Nachrichten diverser Art, die sie für mich auf Zeitungsausrissen oder alten Kassenbons notiert: *kaufen Šchojerpulfer, Rajni, Akupoc.* Und was bitte soll das sein? Oder sie hält fest: *nächstes Dinstak ein Stund spater.* Marija kommt aber immer mittwochs, und was heißt hier eine Stunde später? Sie weiß doch, dass ich dann längst unterwegs bin, um die Kinder in den Kindergarten zu bringen!

Aber ich könnt's ja auch nicht besser. Das ist mir klar. Also betrachte ich meine kroatische Aushilfe als Quell der unbekümmerten Ausreden. Da kann man sich richtig was abgucken. Warum zusammenzucken, wenn ein Missgeschick geschieht? Ach was!

Laut »Jesus, Maria und Joseph, heiliger Christus!« gerufen und vergessen ist die geborstene Salatschüssel. Wem auch immer sie gehörte. Ein »Heilige Mutter Gottes!« vertreibt die Trübsal über den umgekippten Laugeneimer, der sich in den Flur und weit unters Bücherregal ergossen hat. Wozu sich lange grämen? Und warum sollte es mich belasten, dass die Fenster noch streifig und die Besteckschublade immer noch voller Krümel sind? Warum überhaupt sollte man immer so kleinlich und pingelig mit sich und anderen sein? Fünfe gerade sein lassen, wie Marija es tut, ersetzt dir jeden Yoga-Qi-Gong-Tai-Chi-Feldenkrais-Kinesiologie-Ding-Dong.

Wenn ich abends mal wieder einen Socken meines Mannes von der Stuhllehne fische, rege ich mich keine Sekunde auf. Ach was, ich greife mir das gute Stück und lasse es in hohem Bogen zu ihm rübersegeln, so dass es am Computerbildschirm hängenbleibt, wo er gerade bei eBay um einen Satz Zinnsoldaten ringt. Und wenn er mich erstaunt und fast ein klein wenig verärgert anguckt, weiß ich ja, was ich zu sagen habe: »Ich nix kann erklären, wie kommt Bewegung in dieses Socken!«

Vermessen

Lebst du schon oder schraubst du noch?

Ich fürchte, ich habe mich überschätzt. IKEA-Möbel aufbauen kann doch jeder, habe ich mir gedacht. Kinderkram. In einer Stunde stehen die Schränke. Lächerlich. Da brauche ich nicht mal auf die Anleitung zu schauen. Pillepalle. Erklärt sich doch alles von selbst.

Nun stehe ich vor den Trümmern meiner Arroganz. Diverse Sperrholzteile liegen auf dem heimischen Teppichboden (natürlich der beliebte Sisalteppich VEDBAEK). Daneben verteilt Tüten mit Schrauben und läppische Bauanleitungen mit Bildchen. Irgendwie passt alles nicht zusammen. Der Schrank sieht aus wie eine moderne Skulptur. Was soll ich mit dem großen Brett? Warum hat die Vitrine vorne keine Öffnung? Eine Schraube fehlt. Ich fühle mich hundeelend. Seelenwund.

Natürlich habe ich angefangen, das Regal zusammenzubauen, ohne vorher die Anleitung zu konsultieren. Das hängt womöglich mit einer evolutionären Prägung zusammen. Menschen haben das Feuer entdeckt, das Rad erfunden, Kinder großgezogen. Und nie haben wir eine Anleitung gebraucht.

Also kann ich ja wohl auch ein Regal zusammen-

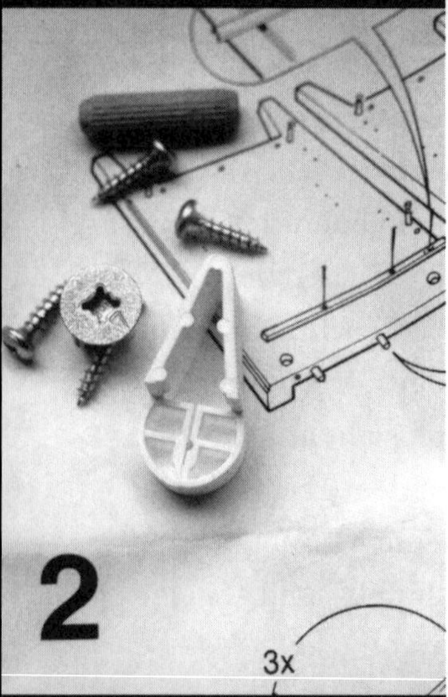

bauen. Leider ist Pannen-Ideologe Murphy mein ständiger Begleiter: Egal was ich handwerklich tue, es taucht immer das größte anzunehmende Problem auf: Jede Wand, in die ich in meinem Leben gebohrt habe, stellte sich als Sandhaufen heraus, der nur durch die Tapete zusammengehalten wird. Kein Dübel, der je ins Loch gepasst hätte. Jede meiner Tapeten hing schief und schlug Blasen, jede von mir bemalte Wand hatte Flecken.

Jetzt halte ich das Herzstück des IKEA-Heimwerker-Universums in meinen beiden linken Händen: den Inbusschlüssel. Nur wo ist Schraube A und warum ist an dieser Stelle kein Loch vorgebohrt?

Aber fangen wir mal ganz am Anfang dieser Geschichte an. Es ist die Geschichte jedes IKEA-Möbelkaufs. Es geht los mit der staureichen Reise in ein Industriegebiet am Stadtrand. Man will nur ein Regal kaufen. Wenn man dann nach mehreren Stunden aus dem kilometerlangen Möbel-Darm des Einrichtungshauses gedrückt wird, ist meist folgendes passiert: Die Beziehung ist fast daran zerbrochen, dass wir uns nicht über die Farbe des Regals einigen konnten. Oder daran, dass man lauter nutzloses Zeug gekauft hat. Hier noch das Weinglas-Set, dort noch die Bettwäsche im Doppelpack und natürlich den Bambus im MYNTA-Topf. Ich glaube, es scheitern mehr Beziehungen am Möbelkauf im IKEA als an Untreue.

Wir werden geplagt durch den flauen Magen vom ofengebackenen Kräuterlachs im IKEA-Restaurant (für nur 5 Euro) und schmunzeln über die Durchsage: »Der kleine Kevin Hirschbichler möchte gerne vom Kinderparadies abgeholt werden.« Am Ende haben wir zwar nur 33 Euro für das Bücherregal BILLY gezahlt, aber ein Vermögen für den Kleinkram.

Wir müssen ewig an der Ausgabe warten, fahren stundenlang nach Hause, um festzustellen: Wir haben uns vermessen. Oder das Regal ist schwarz statt weiß. Nach mehreren Umtausch-Fahrten, einer IKEA-indizierten Lebenskrise - nennen wir sie schwedische Depression - sitzt man mit seinen Kartons da. Und sucht die verdammte Schraube A und das fehlende Loch.

Natürlich bin ich ehrgeizig. Jeden Tag bauen 100 Millionen Menschen auf der Welt ein IKEA-Regal zusammen. Darunter Einarmige, Blinde, Geisteskranke. Es kann doch nicht sein, dass ausgerechnet ich zu doof dafür bin.

Also baue ich wieder alles auseinander. Ich lese die Anleitung. Ich versuche mich in das IKEA-Regal hineinzuversetzen wie ein Psychotherapeut. Ich werde eins mit dem Möbelstück. Ich antizipiere seine Sorgen und Nöte. Ich nehme sinnbildlich das Brett vor meinem Kopf und schraube es an die Rückwand. Langsam wächst das hölzerne Wesen, als wäre ein Embryo in meinem Leib. Jetzt muss ich es im Grunde nur noch gebären. Mit dem doppelt verschraubten Scharnier und der Glattholzoberfläche FRIDA.

Bitte lachen Sie jetzt nicht. Als der Schrank in meinem Wohnzimmer stand, war es für mich fast noch wunderbarer und unbegreiflicher als die Geburt meiner beiden Kinder. SVENJA, meine neue Schrankwand, gehört jetzt zur Familie.

Verdampft

Vom Vorteil von Krach und Gestank

Männer übernehmen im Haushalt freiwillig nur die Tätigkeiten, die entweder mit Krach, mit Gestank oder vorzugsweise mit beidem verbunden sind. Grillen zum Beispiel ist eine absolute Männerdomäne. Oder können Sie sich an ein Grillfest erinnern, bei dem eine Frau der Chef des Grillrosts war? Männer lieben es, im beißenden Rauch zu stehen und stundenlang in die Glut zu pusten - bis die Trainingshose ins Rutschen kommt und die Pofalte freigelegt ist.

Motorsägen und Benzinrasenmäher stinken und machen irrsinnigen Lärm. Da hüpft das Männerherz vor Freude. Undenkbar, dass Männer ihre Frauen nur ein einziges Mal am Anlasserseil ziehen lassen, geschweige denn die wilden Geräte in Frauenhände geben würden.

Laut einer Umfrage übernehmen Männer bei den klassischen Haushaltsarbeiten am liebsten das Staubsaugen. Das war uns Frauen natürlich klar. Staubsauger machen Lärm und können bisweilen auch mal ganz nett müffeln. An letzter Stelle der Beliebtheitsskala steht bei den Männern das Bügeln. Glauben wir der oben erwähnten Studie, verweigern sogar 70 Prozent der Befragten diese Tätigkeit. Zugegebenermaßen ist auch mir persönlich das Bügeln besonders lästig. Wenn man jedoch einmal verstanden hat, wie Männer ticken, und dabei noch ihre Vorliebe für technische Geräte mit elektronischem LCD-Display berücksichtigt, liegt die Lösung für mich auf der Hand: Ich werde ein Bügeleisen für Männer entwickeln.

Dieses Bügeleisen ist natürlich benzinmotor-betrieben und stinkt wie ein Rasenmäher. Es ist sowohl mit automatischem Anlasser als auch mit Anlasserseil erhältlich. Das 5-Gang-Getriebe mit sequentieller Tiptronic-Schaltung ist so selbstverständlich wie die sechs Zylinder unter der Haube. Damit die Wahnsinnsmaschine kinder- und hausfrauensicher ist, wird sie ferngesteuert entriegelt. Das schützt vor

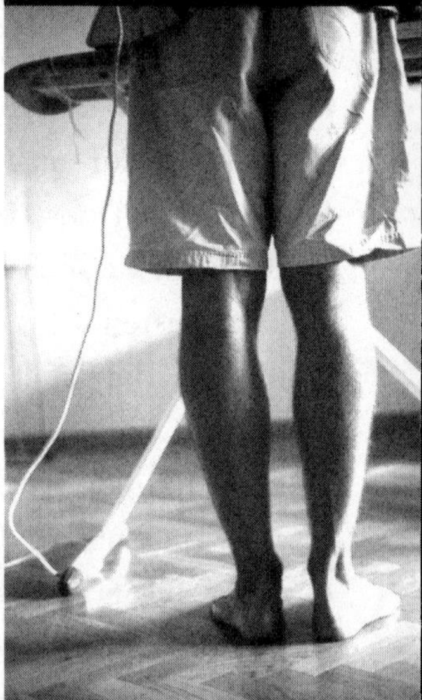

unsachgemäßem Gebrauch. Denn dieses Bügeleisen funktioniert nicht mit herkömmlichem Wasserdampf. Es verfügt über einen 700-bar-Neon-Argon-Edelgas-Steam-Controller und sollte niemals in falsche Hände geraten. Um sich nicht mit unwesentlichen Nebensächlichkeiten beschäftigen zu müssen, ist das Gerät mit einer Gewebeerkennautomatik versehen. Darüber hinaus lässt sich das Wäscheetikett einscannen. Per Bluetooth werden dann die Wäschedaten im Internet abgeglichen, und das Bügelprogramm am Gerät wird automatisch eingestellt. Auf dem LCD-Display erscheinen die wichtigsten Daten: Temperatur im Tank, Temperatur an der Edelstahlgleitsohlenoberfläche, Temperatur im Bügelzimmer, Durchschnittsgeschwindigkeit, mittlerer Verbrauch und Drehzahlmessdaten. Die digitale Auswertung ermöglicht es dem Benutzer, abzufragen, wie lange er noch für das Herrenoberhemd benötigen wird und mit welcher Durchschnittsgeschwindigkeit er weiter bügeln müsste, um den bisher aufgestellten persönlichen Bügelrekord zu toppen. Zudem kann die bereits gebügelte Fläche in Quadratmetern abgerufen werden. In einer Art Miles-and-more-System können so Punkte gesammelt werden, gegen die man weitere Ausstattungen für das Gerät eintauschen kann. Ab 50 Quadratmetern gibt es zum Beispiel einen Kenwood-Aufkleber. Bei 100 Quadratmetern einen Front- oder

Heckspoiler (um bei schnellem Bügeln den Andruck zu erhöhen), ab 1000 Quadratmetern einen 80-Liter-Zusatztank »Paris-Dakar«, der für 800 Herrenoberhemden ausreicht. Es erübrigt sich fast zu erwähnen, dass eine Lichtmaschine mit Fernlicht, Auf- und Abblendlicht sowie Nebelschlussleuchte und allen Blinkfunktionen ebenso in diesem Bügeleisen integriert ist wie ein Dolby-Surround-System. Noch nie war Bügeln so komplex. Alles zuvor war Weiberglätten. Das Wort Ironman hat eine vollkommen neue Bedeutung bekommen.

Der einzige Nachteil: Mein Mann geht dann bestimmt einmal die Woche zum Bügelstammtisch. Jeden Samstag muss er mit Freunden ins Stadion, um sich Bügelwettkämpfe anzusehen – »Morgen bügelt Hertha gegen Gladbach. Da kann ich nicht«, werde ich zu hören bekommen. Aber na ja, die Vorteile überwiegen. Das Bügeln bin ich dann los. Und meinen Sohn erziehe ich selbstverständlich emanzipiert. Dem kauf ich gleich morgen ein Bügeleisenquartett.

Verzettelt

Leben zwischen Stapeln

Mein Mann ist ein Hochstapler. Und zwar im wahrsten Sinne des Wortes. Wann immer er ein Schriftstück in die Hände bekommt und sei es auch noch so uninteressant, legt er es auf einen Haufen. Die Telefonrechnung (»wird abgebucht«). Der *Zeit*-Artikel über Ameisenforscher auf den Kapverdischen Inseln (»muss ich unbedingt später mal lesen«). Den Freistellungsauftrag (»aufheben, bis ihn die Bank anfordert«). Die Filmkritik über den japanischen Kunstfilm (»könnte man sich doch ansehen«).

Nun schichtet er das Papier so lange, bis der Stapel an seine statischen Grenzen stößt, dann eröffnet er still und heimlich einen weiteren. Dabei geht er so konsequent vor, dass die Papierhaufen in den unterschiedlichsten Ecken der Wohnung aufschießen wie holländische Zuchtchampignons.

Ich glaube, das ist ein Relikt aus seiner Bauklötzchenzeit. Mein Sohn baut auch überall Türme. So hoch, bis sie einstürzen. Dann jammert er sehr und weint und trauert und fängt wieder von vorne an. Dieses Verhaltensmuster des zwecklosen Stapelns scheint auf dem männlichen Chromosom angelegt zu sein.

Womöglich haben bereits die Neandertaler die Felle ihrer gejagten Tiere in den Höhlen gestapelt. Der mit dem höchsten Stapel galt als coolster Neandertaler.

In der Moderne führt diese urzeitliche Strategie zu erheblichen Problemen. Denn die Höhlen wurden damals offenbar nicht gestaubsaugt oder ausgewischt. Vielleicht gab es auch größere Höhlen als die heutigen Wohnungen. Ich weiß es nicht. Mir jedenfalls gehen die Stapel tierisch auf die Nerven.

Obwohl mein Mann absolut keine Ahnung hat, was sich in seinen Stapeln befindet, und die Artikel auch garantiert nie mehr im Leben lesen wird, darf ich sie nicht wegräumen. Oh nein! Denn genau in dem Moment, in dem ich das Anliegen vortrage, einen Stapel seiner natürlichen Bestimmung zuzuführen, nämlich dem Altpapier, reagiert er leidenschaftlich. Er erklärt mir, was für lebenswichtige Unterlagen seine Papierhügel besitzen. Er könne auf kein, aber auch gar kein Blatt verzichten. Zumindest könne ich nicht entscheiden, auf welches. Aber wenn er wieder Zeit habe, würde er die Stapel selbstverständlich ausmisten. Doch mein Mann hat nie Zeit. Zumindest nicht für Hausarbeit.

Wehe, die Bank begehrt eines Tages tatsächlich nach dem Freistellungsantrag. Dann beginnt mein Mann panisch zu suchen. Dabei stößt er auf den *Spiegel*-Artikel über die deutsch-koreanischen U-Bahn-Projekte oder die Broschüre über Wasserentkalkungssysteme, die er wieder auf einem neuen Stapel bereitlegt, weil er sie »unbedingt mal studieren will«. Aber der Freistellungsantrag taucht nicht mehr auf. Verschwunden im häuslichen Zettel-Gebirge. Verschollen unter einer Papier-Lawine. Weg.

Früher dachte ich, auf meinem Grabstein wird stehen: Sie stürzte sich von einem Papierstapel ihres Mannes.

Doch inzwischen möchte ich die Zellulose-Türme längst nicht mehr missen. Sie sind mir regelrecht ans Herz gewachsen. Ich finde, sie sehen genaugenommen sogar sehr schön aus. In ihrer Vielfalt sind sie schier unerschöpflich. Geradezu wie Lebewesen, die täglich wachsen, wie meine Kinder.

Verwettet 1

Sehr geehrter Herr Gottschalk,

hiermit möchte ich Ihnen eine Wette anbieten: Ich wette, dass ich 900 Kleinteile allein an den Geräuschen erkennen kann, welche die Teile machen, wenn sie von meinem Staubsauger eingeschnorchelt werden. Am Klang des Döngelns und Klapperns in der Röhre und im Schlauch kann ich aufgrund jahrelanger Übung sämtliche einsaugbaren Gegenstände meiner Wohnung unterscheiden. Das Geräusch des Grauens hat sich tief in mein Unterbewusstsein gebrannt. Immer, wenn ich gerade sehr meditativ, versunken in Gedanken an ein Kochrezept oder einen möglichen Liebhaber, sauge, ereilt es mich. Bimmel. Möp. Schlurch. Weg ist der Gegenstand.

Eigentlich könnte es mir ja egal sein, schließlich haben Kleinteile nichts unter dem Sofa oder dem Schrank verloren, doch es würde zu einer großen familiären Kontroverse führen, wenn der Staubsauger etwa den Helm des Lieblings-Lego-Ritters meines Sohns oder den lange verschollenen Hosenknopf meines Mannes eingeatmet hätte.

Also muss ich am offenen Staubsaugerbeutel operieren. Aufgrund des angespannten Haushaltsbudgets möchte ich den überteuerten Beutel nicht zerschneiden. Deshalb zupfe ich die Staubknäuel durch das kleine Loch aus dem Beutel und lege sie auf eine Schale, um anschließend wie einst Aschenputtel die guten von den schlechten Dingen zu separieren. Dabei freuen sich mehrere Millionen Milbenfamilien über ihre unerwartete Befreiung.

Bei diesen jahrelangen Exkursionen in die Innereien meines Staubsaugers habe ich meine Fähigkeit zur akustischen Einsaugdiagnose entwickelt. Die Geräusche unterscheiden sich deutlich. Während der Socken meines Mannes an das Geräusch eines trinkenden Elefanten erinnert, der hustet und sich anschließend erbricht, sind die Legoteile meiner Kinder eher an der Frequenz des Bimmelns und am Schlurfen im Abgang zu unterscheiden.

Ich hoffe, Sie werden mich in Ihre Sendung einladen, und verbleibe in lauschender Vorfreude.

Ihre zukünftige Wettkönigin
Olivia K.

Verkeilt

Überraschungsei für Mutti

Diese Vorfreude. Sie überkommt mich immer ganz plötzlich. Eine dieser grandiosen Verheißungen des Alltags. Wenn die Geschicke meines hausfraulichen Daseins mich an den ansprechend bemalten Blumenübertopf führen, in dem etwa 41 praktische kleine Helfer auf ihren Einsatz warten: Da schmiegt sich der Schneebesen an den Kartoffelstampfer, umarmt das Salatbesteck die Handrührgerätaufsätze, buhlt der Apfelgehäusestecher um die Gunst des Kirschentkerners. Chromgewordene Ästhetik, Nützlichkeitssinfonie in Edelstahl.

Heute brauche ich den Bratgutwender. Für ein Omelette. Das Omelette verdanken wir quasi Ostern. Frühlingshafter Frohsinn! Beide Kinder sollten jeweils fünf ausgeblasene Eier in den Kindergarten mitbringen. Was - da ja etwa jedes zweite Ei beim Ausblasen zwischen den Patschehänden zerdrückt wird - nichts anderes bedeutet, als dass wir ein stolzes Omelette aus 18 Eiern haben.

Der Spaß an meinem Edelstahlbratgutwender fängt erst richtig an, wenn ich ihn aus meinem Blumenübertopf mit den anderen 40 Kochutensilien ziehen möchte.

Der Übertopf enthält nämlich gar keine einzelnen Haushaltshilfen, sondern ein einziges, sperriges, ineinander verkeiltes Ganzes. Manche macht so etwas ja wahnsinnig. Was für ein Anwurf des Alltags, schimpfen sie, und wer, Herrschaftszeiten noch eins, habe all das Zeug erfunden, das sich nicht vernünftig gebrauchen ließe. Lass sie maulen. Mich macht das heiter!

Da riecht es schon brenzlig aus der Omelettepfanne. Es wird Zeit! Das Bratgut muss dringend gewendet werden, aber das benötigte Gerät bildet noch eine nahezu unauflösliche Einheit mit Vorlegebesteck, Karottenraspler und Knethaken. Prima, der Spaß beginnt. Ich hab sie schon als Kind geliebt: Geschicklichkeits- und Rätselspiele. Hier hab ich gleich alle Freuden in einer Aufgabe vereint, sozusagen ein Überraschungsei für Mutti. Spannend ist es allemal, schließlich heizt der Herd, der wartet nicht auf mich und mein Omelette. Glüht von unten weiter, und das einzige, was da hilft, ist mein Bratgutwender. Jetzt beginnt das lustige Spielchen: Wie viele Teile muss ich aus dem Übertopf nehmen, bis ich den einen Bratgutwender aus dem Chromgewirr befreien kann? Und wie oft muss ich ihn in welche Richtung drehen und wenden, bis ich ihn der edelstählernen Umarmung seiner Nachbarn entwunden habe? Sehr oft und in sehr viele Richtungen, das kann ich Ihnen sagen! Ich wende und winde und zerre und ziehe, purer Spielspaß, eine motorische Herausforderung, wenn nicht Sport. Da schließe ich Wetten mit mir selbst ab! Was donnert als erstes auf die Arbeitsfläche, wenn ich mich zu ruckartig am Bratgutwender zu schaffen mache? Die Schaschlikspieße? Der Seiher? Da drängen sich ganze Theorien auf: Wenn ich am Teesiebhalter ziehe, hebt sich immer die Gurkenreibe und die reißt stets die Spaghettizange mit hoch, so dass ich endlich an den Spargelschäler komme, der ganz unten eingezwängt ist. An die Muskatreibe komme ich so allerdings auf gar keinen Fall, da muss ich eher die Schöpfkelle gegen die Knoblauchpresse schieben, wodurch der Eiskugelspender die Geflügelschere lupft, und hinter der kauert

dann in der Regel mein Designerbutterportionierer. Und mitunter hab ich Erstaunliches zu berichten: Heute zum Beispiel ist die Antipastizange einfach am Olivenabtropflöffel vorbei nach oben geglitten, als ich das so wollte. Kein Heben, kein Haken, nichts! Ich glaub ja schon allmählich, dass das immer dann funktioniert, wenn Vollmond bevorsteht. Auch die Tatsache, dass der Tortenheber bei Regenwetter, sofern unter 15 Grad Celsius Außentemperatur herrschen, immer die Fleischgabel hochkatapultiert, gibt mir zu denken. Und meinen Kindern schmeckt das Essen immer dann, wenn der Ofengrillaufsatz erst mal mit einer Spitze in die Käsemühle geraten ist. Die alten Bauernregeln werden halt letztlich doch immer wieder bestätigt: Die Bäuerin kann noch soviel fragen, ein Rätsel bleibt der Kinder Magen.

Endlich, es ist mir gelungen, ich hab, was ich brauche, einfach war's nicht, aber ich will auch nicht übertreiben. Klar, ohne eine gehörige Portion Geschicklichkeit und Erfahrung wäre da gar nichts gegangen, aber ich mach's ja auch oft und richtig gern.

Meine Kinder mögen ihr Omelette übrigens gut durch.

Verleumdet

Sei mir willkommen, Arnold!

Also früher, in der Männer-WG von meinem Mann, musste man sich ja auf alles gefasst machen: Bremsspuren in der Kloschüssel, angetrocknete Zahnpasta an Spiegel und Waschbecken, Türme von Geschirr in der Spüle (aber kaum was im Schrank) und angeschimmelte Tomatensoße in irgendeinem Blechtopf auf dem kaum noch als solchen erkennbaren Herd. Männerwirtschaft wie sie im Buche steht. Wenn ich zu diesem haushaltsimmanenten Chaos auch nur einen Ton gesagt habe, dann hieß es immer gleich: Das war Arnold, das gehört Arnold, das hatte zuletzt Arnold. Aha. Ein Wolf unter lauter Lämmern - und nicht mal im Schafspelz. Eindeutig und offen war das so. Arnold hatte praktisch die Schuld an allen Versäumnissen. Arnold musste ein ganz übler Kerl sein, da war ich mir sicher, wenn ich ihn auch nicht zu Gesicht bekam, männlich vielleicht, aber ein Ignorant vor dem Herrn, was Ordnung betraf. Nun gut.

Zwei Jahre später zogen mein Mann und ich zusammen. Wir lebten fröhlich vor uns hin, eine ganze Weile ging das so, bis ich mich zu fragen begann: Woher kommen jetzt eigentlich noch die Bartstoppeln auf

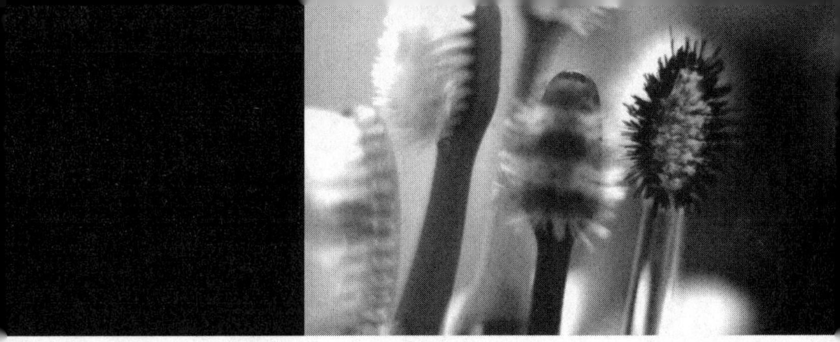

dem Beckenrand, wenn der Rasierer in Gebrauch war? Wieso landet immer noch ein gutes Drittel des Kaffeesatzes neben dem Mülleimer, wenn er mal einen Kaffee gekocht hatte? Wer hat hier eigentlich gepennt, als die Frage erläutert wurde, warum CDs wohl Hüllen haben? Habe ich den Wäschekorb zu gut versteckt, oder warum liegen die alten Socken immer überall rum?

Kurz darauf kam mir die entscheidende Erkenntnis: Arnold lebt bei uns. Wenn ich ihn auch nicht sehe. Aber er muss dasein. Ich habe so viele Beweise für seine Existenz gefunden. Ein anderer Rückschluss ist doch gar nicht möglich. Arnold hängt wohl sehr an meinem Mann. Innige Männerfreundschaften sind doch was Schönes. Na, sei mir willkommen, Arnold. Bleib bei uns, solange du möchtest. Nur gut, dass aus unerfindlichen Gründen immer eine abgewetzte Zahnbürste zuviel in unserem Gemeinschaftsspülbecher steht. Die gehört dann wohl eh dir?

Verschnupft

Der Gang zum Arzneischränkchen

Hektik hat ja bekanntlich noch niemanden geheilt. Der Mensch ist ohnehin schon fehlbar, unzuverlässig und ein lückenhafter Arbeiter, was soll da nur werden, wenn's auch noch hektisch zugeht? Hektisch könnte eine Hausfrau allerdings werden, wenn ein Familienmitglied krank ist. Plötzliches Fieber, eine gebellartige Hustenattacke, ein verknackster Rückenwirbel, ein vertretener Fuß, ein blutendes Knie oder, besonders aufwendig, die plötzliche und unkontrolliert verlaufende Magenverstimmung eines Kindes. Da wird gewischt, entsorgt (Obacht, dass die Toilette nicht zu viele Wischtücher auf einmal hinunterwürgen muss, sonst dräut ein weiteres unschönes Problem!) und neu bezogen. Und irgendwann ist es immer wieder soweit: Der Gang zum Arzneischränkchen steht an. Das ist freilich kein Hort der Wohnkultur.

Arzneischränkchen sind vielmehr die Stiefkinder des Haushalts: hässliche, ehemals weiße Plastikhängemöbel, die meist in einer schlecht zugänglichen Ecke des Badezimmers vor sich hin stauben und deren klapprige

Türen klemmen, wenn mal jemand dran möchte. Von außen schon keine Augenweide, ist ihr Inhalt kaum bestechender: ein Durcheinander schwappt dem Erste-Hilfe-Bedürftigen entgegen. Es dauert einen lästigen Moment, bis die Hilfe suchende Person begreift: Was sie sucht, ist nicht drin. Was sie womöglich hätte brauchen können, ist abgelaufen. Oder die Packung ist leer. Oder es findet sich zwar ein zähflüssiger Rest, aber der Beipackzettel ist spurlos verschwunden. Bleibt nur, sich zu erinnern: Waren es 5 oder 40 Tropfen, vor oder nach oder gar während den Mahlzeiten einzunehmen, ein- oder fünfmal am Tag? Direkt auf die malade Körperstelle oder oral verabreicht? Ist das Mittel überhaupt für Kinder geeignet? Ab wann ist die Dosis tödlich? Last der Erinnerung! Immerhin finden sich in einer kniestigen Ecke all die Messlöffel, die die Laienschwester seit Monaten händeringend gesucht hat. Ein schwacher Trost.

Mir ersetzt das verblichene Schränkchen seit Jahren ein pulssenkendes Globuli. Wenn ich nur in die gedankliche Nähe des Pflegechaos im Plastikgewand komme, entspanne ich mich, weder Angst noch Ärger können sich meiner bemächtigen. Ich halte es nämlich einfach wie mein Homöopath. Der hat auch die Ruhe weg. Langen Anamnesegesprächen folgen lange Beobachtungsanweisungen. Ist der Schneuz klar oder gelbgrün, riecht der Ohrenausfluss nach Maggiwürze oder doch eher nach jungen Zwiebeln, ist das Kind aufmüpfig, nachdem es Grimmsche Märchen gehört hat, und sanftmütig, wenn es schlecht geträumt hat? Verlangt mein Kind eher gegen 3 oder gegen 4 Uhr in der Früh nach Wasser oder Schwippschwapp? Der Homöopath hetzt nicht durch die Gespräche, der gönnt sich Assoziationen, den hemmt keine vornehme Zurückhaltung. Der hat die Seelenruhe, sich danach zu erkundigen, wie unser Sprössling sich verhält, wenn mein Mann und ich Zärtlichkeiten austauschen, um gleich darauf wissen zu wollen, wie es denn mit Vögeln ist. Und meine Schockstarre zu nutzen, um die Zusatzfrage zu stellen: Hat sie Angst vor irgendwelchem Federvieh, vielleicht Amseln oder Schwäne? Während ich noch in der Entkrampfungsphase bin, will er bereits wissen, ob meine Kleine in der Hochsommersonne eher zu Pusteln oder Wutanfällen neigt. Und ob es zu erhöhter Fußschweißbildung kommt, wenn es auf Neumond zugeht.

Ja, ich bin sensibler geworden. Ich habe das deutliche Gefühl, eine millimeterdicke Gurkenscheibe, nicht zu kalt und schon gar nicht zu warm, sanft auf die Mitte meiner Stirn gelegt, würde mir jetzt guttun.

Vermarktet

Was ein Unternehmensberater über meinen Haushalt sagen würde

Ich muss mich aufs Wesentliche konzentrieren. Mein Haushalt ist nicht stringent genug positioniert. Nun gut, das Dienstleistungsportfolio ist sehr umfangreich: von Putzen über Waschen und Kochen, Bügeln und Spülen bis hin zu Sex. Und das Ganze in einer kostenlosen Inhouse-365-Tage-System-Lösung. Das Konzept ist durchaus konkurrenzfähig. Aber mir ist es noch nicht gelungen, meine Alleinstellungsmerkmale klar genug zu definieren.

Ich muss den Package-Charakter meines Haushalts klarer herausarbeiten. Eine Hausfrau ist immer noch die All-in-one-Solution der Heimdienstleistungen.

Die Ehe als lebenslanges Instrument der Kundenbindung verliert allerdings zunehmend an Bedeutung. Der Kunde wird immer volantiler. Wenn die Qualität nicht mehr stimmt, sucht er sich eine andere Frau und einen anderen Haushalt. Gerade aus Osteuropa kommen derzeit sehr konkurrenzfähige Angebote.

Meine Stärke ist natürlich, dass ich keine Expansionspolicy betreibe. Ich will am Markt nicht mergen. Mir reicht ein Haushalt.

Bislang habe ich einfach zu wenig Wert aufs Qualitymanagement gelegt. Benchmark im Segment Qualität ist und bleibt meine Mama.

In letzter Zeit gab es öfters pampige Nudeln oder Staub auf dem Schrank. Ich musste mehrere rosa verfärbte Hemden und zwei zerbrochene Teller aus dem Grundkapital abschreiben. Ich hatte leider vergessen, eine adäquate Rücklage zu bilden. Teile der Dienstleistung wie das Putzen habe ich bereits seit längerem an ein kroatisches Profitcenter outgesourct: meine Putzfrau. Wir haben eine Spülmaschine und gehen öfters ins Restaurant zum Essen. Ich muss aufpassen, dass ich meine Kernkompetenz nicht verliere.

Ich habe ein sehr professionelles Direct-Response-System eingeführt, bei dem wichtige Werte wie Kompetenz und Zufriedenheit abgefragt werden (»Hat's geschmeckt, Schatz?«). So kann ich ummittelbarer auf Kundenwünsche eingehen (»Ich will nicht immer nur Gemüse, sondern mehr Fleisch«).

Oft ist es mir nicht gelungen, meine Dienstleistung beim Kunden transparent genug zu kommunizieren. Da ist öfters der Eindruck entstanden, ich hätte die gleitende Arbeitszeit ausgenutzt und wäre den ganzen Tag faul gewesen. Ich muss einräumen, dass ich letztens häufiger mit meinen Freundinnen beim Shoppen war. Das hat sich leider negativ auf die Liquidität ausgewirkt. Das ist problematisch, weil sich mein Mann zunehmend als Cash-Cow fühlt. Da muss mein internes Controlling besser werden. Die Maßnahme läuft an.

Ich stelle fest: Alles in allem ist mein Haushalt also ein im Grundsatz gesundes und leistungsfähiges Unternehmen. Weiterhin glasklar positioniert, dabei voll konzentriert auf meine totally concentrated All-in-one-Solution und zudem rund um die Uhr erreichbar (3.47 Uhr: »Mama, ich muss mal!«), sollte es mir doch gelingen, binnen kurzem mit durchaus satter Rendite zu glänzen.

Verwaschen

Klappe zu. Wasser Marsch.

Wäsche haushoch. Klares Signal. Es ist wieder soweit. Waschtag. Haufen bilden. Stark verschmutzt. Leicht verschmutzt. Gelten drei Tage getragene Herrensocken als sehr stark verschmutzt? Waschmittel alle. Wasch ich halt ohne. Vielleicht etwas mehr Entkalker rein? Und mehr Dreckwäsche als eigentlich rein dürfte. Wie immer. Klappe zu. Wasser Marsch. Herrlicher Rhythmus des Wäschealltags. Ernst Jandl wäre was Grandioses dazu eingefallen.

Maschine rumpelt, pumpelt, tobt sich aus beim Schleudern. Das Haus bebt.

Klappe öffnen, nassen Berg rausholen, Wäschekorb zu klein für diese Mengen. Wie immer. Auf den Speicher schleppen. Flatsch. Ausgerechnet das weiße Lieblings-T-Shirt fällt auf den staubigen Speicherboden. Wäre sowieso kein Platz zum Aufhängen gewesen. Erst mal all die Sachen von vor drei Tagen abnehmen. Riesenberg. Abnehmen. Zusammenlegen. Wächst an. Abnehmen. Zusammenlegen. Wächst weiter an. Abnehmen. Zusammenlegen. Wird zum Turm. Abnehmen. Zusammenlegen. Schwankt. Kippt. Laune auch. Endgültig. Herrje, lass mich das träumen. Aufheben. Staub

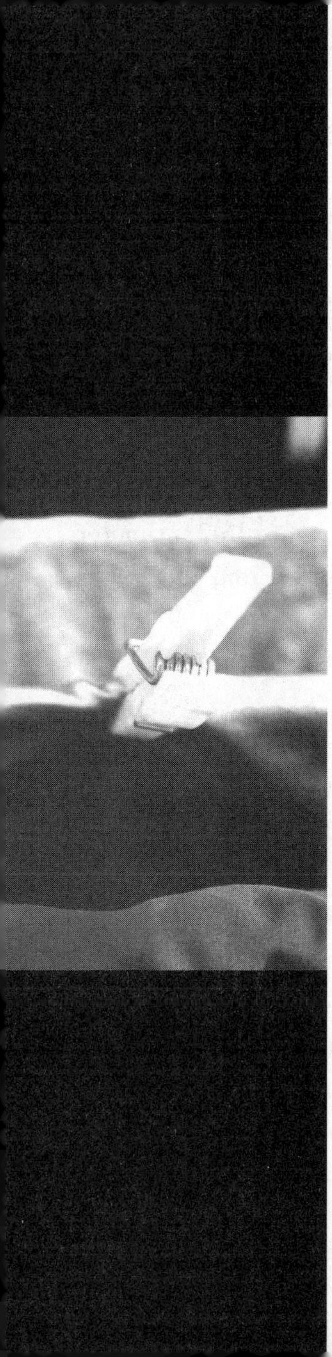

abklopfen. Noch mal zusammenlegen. Schlauer Stapeln. Stipeln. Stopeln. Stupeln. Stepeln. Nett. Stöpeln. Stüpeln. Stäpeln. Könnte glatt was Unanständiges sein. Wäscheklammern alle. Ille. Ölle. Ülle. Dann halt öhne. Meine Socken balancieren auch sö auf der Leine. Ha. Hi. Hö. Hu. Schon fertig. Ging eigentlich ziemlich schnell und war kurzweilig. Heiter. Geradezu spaßig.

Jetzt nur noch runter in die Wohnung und die Trockenladung in die Schränke stopfen. Stöpfen. Stüpfen. Stupfen. Hirn macht Kurzurlaub. Das ist enorm spaßig. Und entspannend. Eigentlich wie cin Moorbad, dic ganzc Aktion hier. Hiar. Hior. Hiur.

Und morgen dann Wolle. Ich freu mich dräuf.

Verzogen

17 Dinge, die man behält, obwohl man sie nie wieder braucht

1. Fußbad (abgelaufen im Oktober 1998)
2. Zehn alte Leitz-Ordner mit den Referaten aus der Jahrgangsstufe 13 zu Themen wie »War Don Quichote Sadist?«
3. Einmalwaschlappen (abgelaufen im August 2001)
4. Das Spiel des Jahres 1988 im 35x45-Zentimeter-Karton, für das man 12 Mitspieler und etwa sechs Stunden Zeit braucht
5. Ratgeberbroschüre »Brillenreiniger selbst hergestellt«
6. Saftpresse aus rund 100 Einzelteilen, die man nicht unter 20 Minuten aufgebaut hat
7. Kochbuch »Die 100 besten Silberzwiebel-Rezepte«
8. Vitamintabletten (abgelaufen im Mai 1999)
9. Eine Kiste voller angedellter Kerzen
10. Doppeltes Exemplar von »Die Schatzinsel«
11. Plastikeiffelturm
12. Kommunionssammeltasse mit Goldaufdruck, die so hässlich ist, dass man sie in keine Vitrine stellt
13. Extra hochhackige weiße Pumps vom Abi-Abschlussball 1983

14. Eine Tüte voll Ikea-Klemmlampen
15. Kratziger Norwegerpulli
16. Chinesisches Fondue-Set
17. Selbstaufgenommene Kassette »Die größten Hits von 1979«

Verputzt

Zwischenhäppchen für Mama

Als Hausfrau habe ich ja viel Zeit zum Nachdenken. Ich will nicht sagen, mehr als mir lieb ist, aber mir ist mal wieder ein tolles geistiges Betätigungsfeld eingefallen: Ich denk mir eine Diät aus. Endlich eine Diät, die jede Hausfrau quasi im Vorübergehen machen kann. Im Vorübergehen! Denn welche Hausfrau hat schon die Zeit, sich 95 Gramm weißfleischigen Seefisch zu pochieren und dazu zwei mittelgroße Broccoli-Röschen schonend zu garen. Noch mehr Extrawünsche beachten, nämlich die eigenen? Einen noch längeren Einkaufszettel ablaufen? Nein danke, bloß nicht. Da hab ich eine bessere Idee. Der ging eine Leidensstrecke voran, das steht fest. Ich erlag zunächst, wie etwa eine Milliarde Frauen weltweit auch, der Illusion, es mit Friss-die-Hälfte zu schaffen. Aber dafür bin ich, wie etwa eine Milliarde Frauen weltweit auch, nicht geschaffen. Ich tigerte gierig durch die Wohnung und zermarterte mir das hungrige Hirn: Ob man Tulpen essen kann? Wie schmeckt wohl Wachs? Bestimmt toll, vermutete ich lüstern, während meine Laune dem Nullpunkt entgegenraste. Ob ich mal einen klitzekleinen Schnipsel Papier schnabuliere?

So sahen meine Tage aus. Demütigend.

Nein, sagte ich mir schließlich, dieser Diät fehlt eindeutig die sportliche Komponente. Es ist doch nicht locker oder lässig, wenn man sich abends eine matschige Kiwi reinlöffelt. Das ist Folter. Es wird auch nicht verzweifelt gepopelt oder nägelgekaut. Oder etwa sich erinnert, dass sie doch vor drei Tagen ein Stück Semmel eingesaugt hat, das sich theoretisch immer noch im Staubsaugerbeutel befinden dürfte ... Und ganz unten sind ja wohl die Mütter, die sich an der Schokoschatztruhe ihrer Kinder vergreifen und hektisch überlegen, ab welcher Menge der Junior den Schwund wohl bemerkt. Da wird mir doch was Besseres einfallen, etwas, bei dem sich Diät, Findigkeit und Sparsamkeit miteinander verbinden lassen: Ob die runtergeplumpsten Gebäckbröckchen aus dem Fellsack im Kinderwagen genug hergeben für einen Breznknödel? Völlig fern läge es mir ja auch, den ganzen Tag die Kalorien zu zählen, um mir dann am Abend heimlich einen dreifachen Strang Zahnpasta auf die Bürste zu laden, weil's so schön an Pfefferminzbonbons erinnert - um dann vielleicht noch, während ich die Ladung Dentagard wegschlotze, sehnsüchtig auf das Duschgel Milch&Honig zu starren und mir vorzustellen,

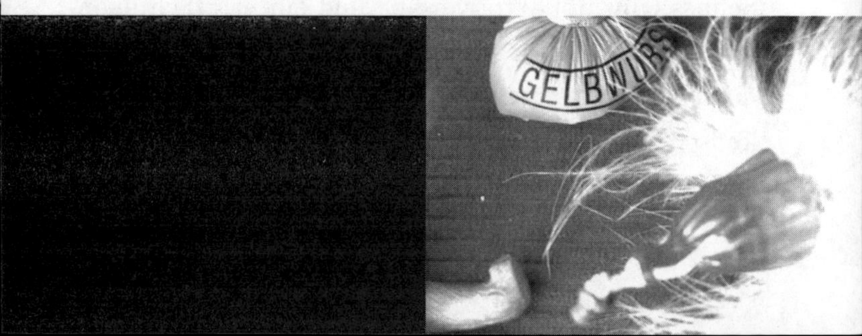

dass das prima auf Vollkornbrot schmecken muss. Oder wenigstens ein Schlückchen Aftershave? Ein Schnäpschen in Ehren in harten Zeiten? Alles Quatsch. Ich erinnere mich, dass die lieben Kleinen vorhin Putenwienerle beim Augsburger-Puppenkiste-Gucken geknabbert haben. Diesmal könnte ich was davon haben, worüber ich mich sonst immer ärgere: die ungeliebten Würstchenenden in der Sofaritze, deren aufdringlicher Geruch meinen Mann und mich mit einer Bierzeltaura umflort, während wir einander spätabends auf dem Sofa nach einem langen Tag endlich ein bisschen näher rutschen. Jetzt ein willkommenes Zwischenhäppchen für Mama!

Vom Wohnzimmer eile ich direkt in die Küche. Mir ist eingefallen, dass meine Jüngste vorhin am Tisch Müsli gegessen hat. Hoffentlich, hoffentlich hat sie es so getan wie immer: so, dass eine breite Trasse aus Milch, Haferflocken und Rosinen zwischen Müslischale und Tischkante entsteht. Die Trasse ist für mich. Für mich allein. Und während ich noch die winzigen Nussstückchen mit angefeuchteter Fingerspitze von der Tischplatte klaube, habe ich eine grandiose Idee. Eine Gurken-Quark-Maske könnte ich mir mal wieder gönnen. Wer sagt, dass ein Schuss Olivenöl extra vergine und ein paar Schinkenwürfel nicht gut für meinen Teint wären? Und es wäre doch gelacht, wenn so eine dicke, fette, garnierte Gurkenscheibe mir nicht zwischen die Zähne rutscht.

Verflucht

Die Hausfrauen-Religion

Mal angenommen, Jesus Christus wäre eine Hausfrau gewesen, was hätte uns der Messias dann wohl gepredigt? Schuhe ausziehen? Müll runterbringen? Alle bleiben sitzen, bis der Letzte sein Brot gebrochen hat? Das wäre bestimmt eine großartige Religion geworden. Wer nicht ordentlich ist, kommt runter in die Hölle. Die ist ganz übel. Da ist es staubig und unaufgeräumt, da latschen den ganzen Tag Kinder mit dreckigen Schuhen durch den Flur, und der Satan brüllt unentwegt: »Schatz, wann ist das Essen fertig?« Im Himmel hingegen sieht es aus wie in der Knorr-Werbung. Alle sind glücklich, und die Suppe gelingt immer. Ja, auch du kannst in den Himmel kommen. Dahin, wo die Engel mit Staubwedeln rumlaufen und sich sogar der liebe Gott beim Pinkeln hinsetzt. In den Kirchen würde gestrickt und genäht, und die Pfarrerin würde jeden Sonntag neue Nudelrezepte vortragen und Tricks, wie man den Teufel austreibt und Kirsch-Flecken obendrein.

Die Päpstinnen hätten im Mittelalter natürlich auch ein paar Hexen verfolgt und verbrannt. Sie hätten auch einige Kriege geführt und sich über Islamistinnen geärgert, bei denen die Männer nur verschleiert und ein paar Meter hinter den Frauen herlaufen dürfen. Die modernen Päpstinnen wären sehr progressiv. Sie hätten nichts gegen Lesben und Schwule, Hauptsache sie streifen vor der Tür die Schuhe ab und machen die Bettwäsche nicht dreckig. Auch gegen Empfängnisverhütung ist im Grunde nichts einzuwenden, wenn die gebrauchten Kondome ordnungsgemäß entsorgt werden.

Die Protestanten würden natürlich alles besser wissen. Sie sprechen sich gegen eine Päpstin aus, jeder soll für seinen Haushalt selber zuständig sein. Jeder, finden sie, kann Brot und Rotwein in der Messe reichen und zubereiten, bei Sauerbraten und Apfelmost scheiden sich allerdings noch die Geister. Sie hätten eigene Kirchen und bessere Nudelrezepte. Doch am Ende wüssten weder die Protestanten noch die Katholiken, ob man eher in den Himmel kommt, wenn man auch die Waschlappen bügelt und mit klarem Wasser nachwischt.

Und da wäre meine große Stunde gekommen, sage ich mir beim Soßebinden ohne Streuhilfe. Ich wäre bestimmt eine prima Hausfrauenheilige gewesen: Tipps, Kniffe, Rat und Tat und Anerkennung. Die kompetente Idealjüngerin des haushaltbegeisterten Heiland.

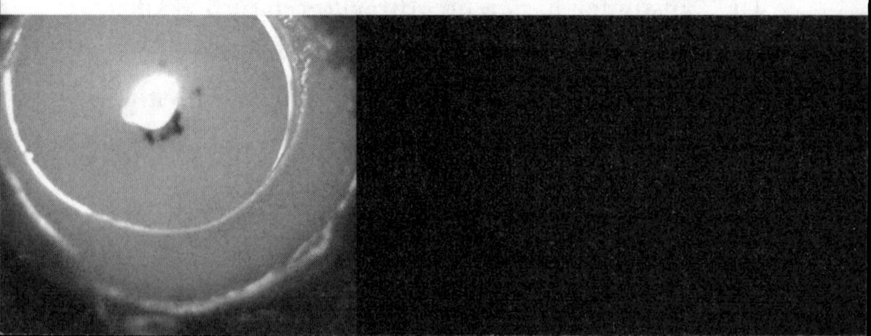

Verhasst

21 Sätze, die eine Hausfrau in Rage bringen

1. Schatz, ich glaub der/die Kleine schreit!
2. Wo ist denn eigentlich …?
3. Das machst du doch mit links!
4. Ach, Schatz, dir hat's aber auch geschmeckt in der letzten Zeit, was?
5. Maltes Mama macht bessere Malfatti.
6. Was gibt's heute abend zum Essen?
7. Liebling, der Baum nadelt!
8. Liebes, bringst du mir ein Bier?
9. Du, kannst du mir mal den Staubsauger halten, ich muss schnell ein Loch in die Wand bohren.
10. Hättest du nicht Lust, mal wieder meine Mutter anzurufen?
11. Was macht dein Friseur eigentlich hauptberuflich?
12. Wo war noch mal die Küche?
13. Ist mein Lieblingshemd gebügelt?
14. Das hat meine Exfreundin auch immer gesagt!
15. Wusstest du, dass die Deutschen durchschnittlich viermal pro Woche Sex haben?
16. Schalte doch mal in den zweiten Gang!
17. Meine Socken sind wirklich super gestopft!
18. Ich glaube, der/die Kleine stinkt.

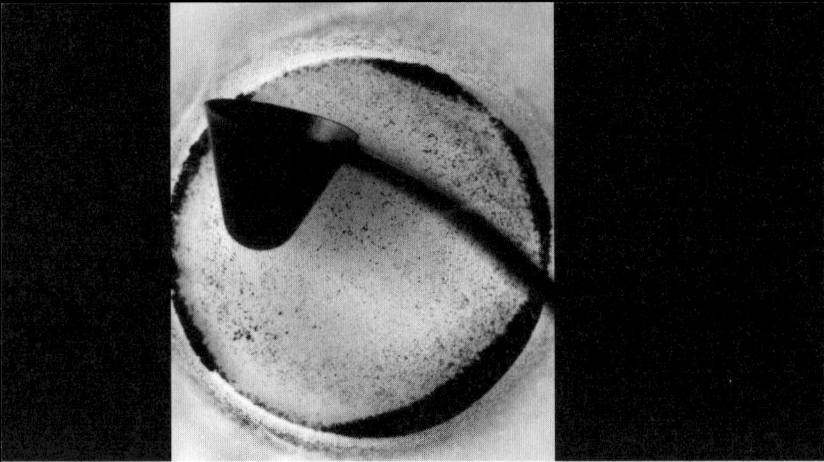

19. Ich glaube, es hat geklingelt.
20. Wofür ist eigentlich der Dessertlöffel?
21. Der Kaffee ist alle.

Verspürt

Schleim, Glibber, Schmier: Sinnenschmeichler des Alltags

Oh, wunderbar! Meine Jüngste hat ihren Erdbeershake umgekippt. Und das Glas war noch fast voll! Jetzt denken Sie, ich mache Spaß. Wunderbar, von wegen, eine Sauerei ist das doch. Aber ich versichere Ihnen: Das ist Vergangenheit, als ich in solchen Momenten zu fluchen, zu schimpfen und mit meinem Schicksal zu hadern begann. Denn ich habe entdeckt, was für einen haptischen Genuss ein dünnes, glattes Küchenwischtuch in Verbindung mit einem schleimigen, breiigen Erdbeershake bietet. Weich und doch von gewisser Festigkeit. Absolut formbar und doch ist da ein kaum merklicher Widerstand spürbar, und dazu all die minitüpfeligen Erdbeersamenkörnchen unter meinen Fingerspitzen – toll! Geradezu eindrucksvoll! Ein Bananenshake dagegen entfaltet seinen ganzen sensuellen Charme unter einem genoppten, doppelten Küchenpapier. Als hätte ich eine hochwertige Creme unter der Hand. Und dieses anheimelnde Geräusch, wenn ich mit dem vollgesogenen, genoppten, doppelten Küchenpapier die Innenwand des Mülleimers treffe! Ein Fest für die Ohren, dieses satte, zufriedene »Flopsch«! Hochinteressant fand ich die Feststellung, dass kaum etwas so schnell von einem Schwammtuch aufgenommen wird wie Sauerkirschsaft, geradezu magnetisch angezogen wird der. Im Ernst, probieren Sie's! Nicht zu verachten ist auch das Gefühl unter der Fußsohle, wenn die Kleinen mit Knetpaste gespielt haben. Dann denke ich immer an die Nordseestrände während der siebziger Jahre, als all diese kleinen Teerklumpen zwischen den Muscheln und den gestrandeten Quallen rumlagen und meine Mutti immer ein Fläschchen Terpentin im Badesachenkorb dabeihatte, um uns von den fiesen Anhängseln zu befreien – und ich freue mich, dass das gleiche weiche Wohlfühlgefühl von damals hier einhergeht mit einer leicht entfernbaren, nicht toxischen Masse. Das tröstet mich auch allemal darüber hinweg, wenn ich ansonsten mindestens dreimal täglich durch weniger angenehme Krümelberge und über angebissene Apfelschnitze stake.

Auch meine anderen Sinne kennen wahre Genüsse. Etwa das dezente »Tock ... Fuurpsch«, wenn eine Kuchenspringform samt Teig von der Arbeitsfläche rutscht. Das ist natürlich eine mittlere Katastrophe, vor allem wenn man den verdammten Kuchen am nächsten Tag dringend für den Besuch bei der hochschwangeren Schwägerin und ihren drei bereits vorhandenen Kindern gebraucht hätte – aber das elegante »Tock ...

Fuurpsch« klingt mir noch lange versöhnlich in den Ohren nach.

Meine Augen hingegen kommen auf ihre Kosten, wenn ich einen Hüttenkäse hinter der funzeligen Glühbirne im Kühlschrank vergessen habe. Da blicke ich auf ein sanftes Kleinbiotop, sobald ich das Schimmelpilzkleinod entdecke: zartgrüne Büsche, umkränzt von weißem Flor, und vorwitzig ausschwärmende dunkelgrüne Späher. Das alles wie schwebend auf bräunlichem, schimmerndem Biowaber: anmutig, unkünstlich. Die Bundesgartenschau ist ein Bauernbeet dagegen.

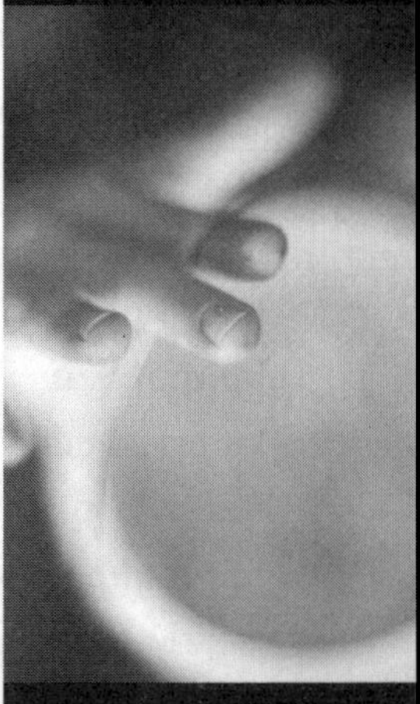

Von dieser Pracht hat auch meine Nase was: Es zwickt und zwackt, bevor ich hastig den Deckel wieder drüberpappe. Wo Opa noch Schnupftabak brauchte, ist meinem Riechorgan die überreife Aprikose dann doch lieber - das weckt den verheißungsvollen Gedanken, dass ein Schnäpschen in Ehren mal wieder niemand verwehren kann. Prosit!

Verspielt

Härtet ab für alles: Kindergeburtstag

Mia kommt als erste. Mit dem Geschenk in der Hand krallt sie sich schluchzend am Hals ihrer Mutter fest. Sie will nicht ohne sie bei uns bleiben. Sie war ja erst 27mal alleine bei uns.

Paul hat einen Wutanfall, während er die Treppe zu unserer Wohnung hochgezogen wird, weil sein Vater ihm beim Abschließen des Autos nicht - auch nicht mal ganz kurz - erlauben wollte, die Alarmanlage auszuprobieren. Seine Wut lässt Paul jetzt nicht nur an seinem Vater, sondern auch an unserem Schirmständer aus. Auf den drischt er ein, und es donnert wie bei der Sprengung des Suezkanals.

Lily war eigentlich guter Dinge, als sie die Treppe raufkam, fühlte sich aber gleich nicht mehr so wohl, als sie Paul und den Schirmständer sah.

Herrje. Kann ich die alle jetzt noch ausladen? Nein, diese Möglichkeit besteht definitiv nicht. Meine Tochter würde mich umbringen und die Erinnerung an mich für den Rest ihrer Tage hassen. Außerdem muss ich mich um Mia kümmern. Deren Mutter hat ihr eine Belohnung dafür versprochen, dass sie sie jetzt gehen lässt, ohne dass Mia einen Riesenaufstand macht. Den macht Mia tatsächlich nicht. Dafür krallt sie sich jetzt an meinem Hals fest. Ich habe aber noch so viel zu erledigen, dass ich es auch ohne 19 Kilo Lebendgewicht am Hals kaum schaffen würde. Der Kuchen muss dringend aus dem Ofen. Aber da klingelt es wieder. Nils kommt an. Nils schlägt nach seiner Mutter, die das Geschenk für mein Kind hoch über ihren Kopf hält, weil ihr Sohn unten im Hausflur erfahren hat, dass seine Mutter dem Geburtstagskind einen grünen Leuchtflummi eingepackt hat, und den hätte Nils gern selbst. Ich schicke ein gequältes Lächeln in Richtung von Nils' Mutter, dann zerre ich mit Mia am Hals den Kuchen aus dem Ofen und angele schon mal den Apfelsaft aus dem Vorratsschrank.

Endlich sind alle Mütter weg. Bei der Kuchenschlacht singen die süßen Kleinen »Weißt du, wo ich wohne? In der Schießkanone!« und bewerfen sich fröhlich mit selbstgeformten Kuchenbollen. Ich staune, wie viele Krümel ein Marmor- und ein Erdbeerkuchen auf dem Boden hinterlassen, zumal eine ansehnliche Menge ja in den Bäuchen der Gäste gelandet ist. Dann staune ich im Vorüberhetzen über das schillernde Farbenspiel, das zermatschte Girlanden in naturtrübem Apfelsaft ergeben. Kontemplativ-ästhetischen Betrachtungen kann ich mich aber nicht hingeben: Die Meute will Eierlaufen, Topfschlagen und nach Jerusalem reisen.

Der Parcours führt durch die ganze Wohnung. Nils will unbedingt echte Eier nehmen. Ich weigere mich und werde von den Früchtchen als »doofe Spielverderberin« verunglimpft. Muss ich mir das wirklich bieten lassen? Bin ich für so was Mutter geworden? War ich denn wahnsinnig? Mia haut meinen neuen Holzkochlöffel kaputt, weil sie sauer ist, dass der Topf so schwer zu finden war und dann nur ein blöder Buntstift in einer Jungenfarbe drunter war. Paul lässt sich mit solchem Karacho auf die Reise-nach-Jerusalem-Kissen fallen, dass eins von ihnen seine Federn in alle Richtungen entfleuchen lässt. Lily ist stinkig, weil ich zu wenig von den bunten Luftballons habe, dafür steckt sie später ein paar Kissenfedern in die

Vertreten

Verkalkt

Verschwommen

Verpflanzt

Verkrochen

Vermisst

Verglast

Verwickelt

Verjährt

Verpackt

Versandet

Verschmiert

Verpflegt

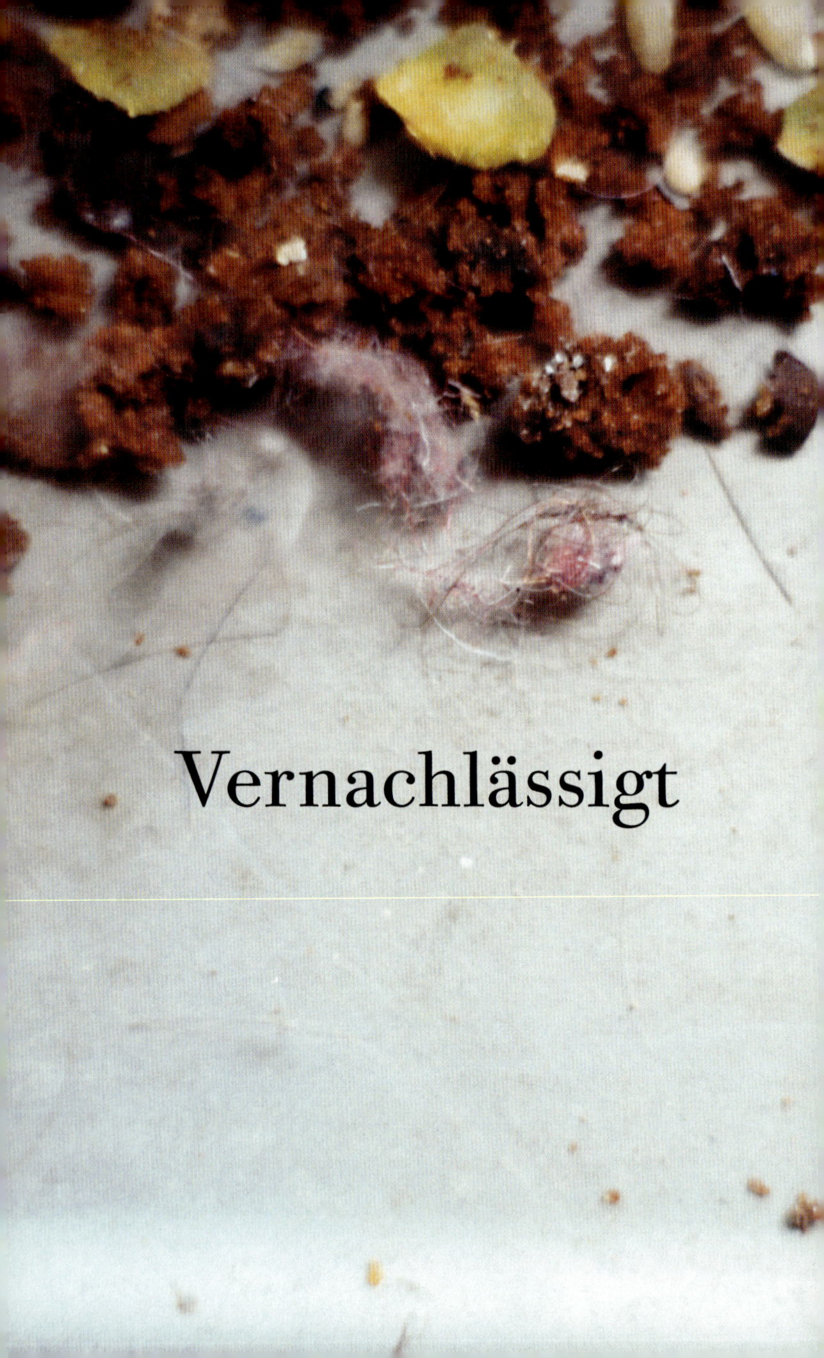

Vernachlässigt

Versäumt

Vertagt

Verschimmelt

sündteuren Biowienerle und zielt mit dem Inhalt der Ketchup-Squeeze-Flasche danach. Meine Tochter legt den vollbeladenen Senflöffel erst wieder auf den Tisch, nachdem ich ihr hoch und heilig versprochen habe, doch Sackhüpfen mit ihr und ihren Gästen im Flur zu spielen, obwohl dann die ganze Bude bebt und bei der Nachbarin eins drunter die Kommunionssammeltassen aus der Vitrine springen.

Eine Stunde später: Die Wohnung liegt in Schutt und Asche. Ich bin um Jahre gealtert. Meine Haare stehen wüst um mein Haupt herum. Mein Blick geht wirr. Meine Nerven liegen blank. Aber eins steht fest. Wer einen Kindergeburtstag schmeißt, kann auch einen Feldzug führen. Staatsmänner dieser Welt, wer von Euch braucht Hilfe? George Bush, lassen Sie mich mal mit den Bürgern reden. Tony Blair, something wrong? Stress im Fußballstadion? Ich red mal mit den Jungs im Fanblock.

Mütter für den Weltfrieden.

Vergossen

Aufruhr in der Nachbarswohnung

Ich hab im Alltag ja noch nicht genug um die Ohren. Gott sei Dank fragen die Nachbarn regelmäßig - wenn sie mal wieder zwei Wochen Urlaub machen auf Mallorca oder Korsika -, ob ich ihre Wohnung hüten kann. Klar, strahle ich, gern! Selbstverständlich! Dabei wird mir himmelangst, denn unsere Nachbarn sind von der superpingeligen Sorte. Neulich fehlte nicht viel und sie hätten sich getrennt, weil ihm beim Spülen *fast* eins von den Rotweingläsern gesprungen wäre. Kaum sind die Nachbar unterwegs, geht das Elend schon los. Erst einmal vergesse ich drei Tage lang, dass ich da überhaupt etwas tun sollte. Dann bekomme ich einen Adrenalinstoß, der mich fast aus den Puschen haut, als es mir wieder einfällt, und renne drei Stockwerke runter zum Briefkasten, um den Schlüssel der Nachbarn rauszufingern, hole die Post raus, alles schon ziemlich verknickt, und renne vier Stockwerke hoch, um in der Wohnung der Nachbarn die nach drei Tagen bereits bedenklich schlaffen Blumen zu gießen. Meine Kinder haben es sich nicht nehmen lassen, mich zu begleiten. Um mir zu helfen. Jetzt werde ich wirklich Hilfe brauchen.

Während ich nachschaue, ob im Bad alles okay ist, schrotten meine zwei Herzchen das Feuerwehrauto des zweijährigen Nachbarjungen, in dessen Zimmer sie sonst nie an die Spielsachen dürfen, weil dem Kleinen sonst vor Aufregung der Semmelknödel wieder hochkommt. Auweia. Das blöde Auto war sein ganzer Stolz. Es hatte eine Sirene wie ein liebestolles Erdferkel. Frisch geschenkt von Omi. Ich locke die Mädchen raus aus dem Zimmer. Na gut, sie trollen sich. Dafür wollen sie jetzt richtig mithelfen. Oh Gott! Während die Große beim Gießen der Pflanzen mehr Wasser aufs Parkett als in die Töpfe schwappen lässt, fingert die Kleine an den wenigen gesunden grünen Blättern rum und reißt dabei einen ganzen Zweig ab. Den greife ich mir hektisch, um ihn unten in meinen Müll

zu werfen. Hoffentlich erinnern sich die Nachbarn nicht daran, dass sie diesen Zweig hatten.

Während ich das in der Sommerschwüle bereits grünlich schimmernde Wasser aus der Kaffeemaschine wegschütte, will die Große unbedingt herausfinden, welche Schuhgröße der Nachbar hat. Heiliger Fußpilz: 46! Leider ist die Süße beim Zurückstellen des Riesendings nicht vorsichtig genug und schrappt mit der schwarzen Kreppsohle an der weißen Wand entlang. Ähem. Als hätte da ein Porsche gebremst. Ich schaue noch entsetzt auf die niederschmetternd breite und lange Kreppsohlenbremsspur an Nachbars weißer Wand, da kommt die Jüngere aus dem Schlafzimmer und ruft »Busi, Busi«. Sie hat ein zwielichtiges Druckwerk entdeckt. Die Ältere hat derweil herausgefunden, dass man bei den Nachbarn prima zwischen Toilettenrückseite und Abflussrohr durchkrabbeln kann. Ich lehne dankend ab, es auch mal zu versuchen. Die Jüngere will wissen, ob sie denn eins von den anderen Busi-Büchern mitnehmen darf, wenn sie dies hier schon zurücklegen soll. Oder wenigstens einen von den Luftballons mit den lustigen Bollen und dem Erdbeerbild auf der Pakkung. Die liegen in der Schublade drunter. Hilfe. Nur weg hier.

Morgen melde ich meine Kinder bei den Pfadfindern an.

Verwandt

Ach, Mutter, geh! – Ach, Mutter, bleib!

Ach, Mutter, sei mir willkommen, bitte geh sofort wieder. Nur du findest den gräulichen Schmier unter der Seife in der Schale mit dem Blümchenmuster, und das, nachdem ich dachte, alle diese fiesen kleinen Nester gefunden und leergeräumt zu haben. Und dabei sagst du keinen Ton, sondern reinigst den Schandfleck einfach weg, und ich merke, dass du tätig warst, einzig daran, dass ich mich genau erinnere, die Seifenschale auf keinen Fall selbst bearbeitet zu haben.

Ach, Mutter, setz dich doch, bitte verzieh dich am besten gleich wieder. Nur du schenkst mir diese unsagbar weißen, meinen Geschmack komplett verfehlenden Tischdecken – und rührst mich zugleich, weil ich weiß, wie teuer die Dinger sind. Und wie schön du sie wirklich findest.

Ach, Mutter, fühl dich wie zu Hause, bitte mach es dir bloß nicht gemütlich. Wenn ich dich sehe, weiß ich nicht, ob ich dich bewundern oder bemitleiden oder beschimpfen soll, dafür, dass du immer noch mit Vater zusammen bist.

Ach, Mutter, richte dich nach Belieben ein, bitte pack gar nicht erst aus. Jetzt gibt es wieder eine Woche lang diese seltsamen Gerichte, etwa Rosinen, Oliven und Bambussprossen in Honigsoße oder Alte-Brötchen-Kaufhauskäse-Auflauf. Ich liebe so was. Ich hasse so was.

Ach, Mutter, sei mir willkommen.

Vertan

10 Dinge, die nur die Schwiegermutter wichtig findet

1. Spannbettücher mühsam und in langwieriger Prozedur zu ordentlichen viereckigen Paketen zusammenlegen
2. Waschlappen bügeln
3. Sättigungsbeilagen alphabetisch im Vorratsschrank ordnen
4. Einen Fußabstreifer mit der Aufschrift »Grüß Gott miteinand« vor der Wohnungstür liegen haben
5. Sagen: »Ich würd's ja anders machen, aber ich will dir da nicht reinreden.«
6. Die Herbstferien in Bad Reichenhall verbringen
7. Nur mal schnell vorbeikommen und sechs Stunden bleiben
8. Es nett finden, wenn Jungs immer noch eine Lederhose mit röhrendem Hirsch anhätten
9. Es nett finden, wenn Mädchen immer noch sonntags eine weiße Schürze zum Rüschenkleid trügen
10. Einen batteriebetriebenen Handstaubsauger im Bad und neben dem Esstisch griffbereit haben

Verbohrt

Mord im Hobbykeller

Oh nein! Tiefpreisalarm für Heimwerker! Mein Blick bleibt an einer dieser unsäglichen Baumarkt-Werbewurfsendungen hängen. Mein Mann hat sie unvorsichtigerweise auf dem Tisch liegenlassen. Gabelringschlüsselsatz, 7 bis 32mm, Chromvanadiumstahl, 25teilig, nur 4.99€; Flachfräsbohrersatz 6teilig mit Sechskantschaft in praktischem Kunststoffetui nur 5.99€. Mir schwant Übles.

Zwischen den Flachfräsbohrern auf der Titelseite: eine Dame. Lediglich mit einer Polyesterwarnweste mit Reflexstreifen für nur 1.99€ bekleidet, fordert sie dazu auf, schnell zuzugreifen. Mit halboffenem Mund, lüsternem Blick und ausgewachsener Dauerwelle macht sie zweifelsohne klar: Hier handelt es sich ausschließlich um ein Männermagazin.

Vorsichtig wage ich weiterzublättern. Tatsächlich – mein Mann hat das ganze Heft eingehendst studiert und bereits die absoluten Super-Preisknaller eingekringelt. Hier sparen Sie bis zu 30 Prozent! 300 Scheibenwischerersatzgummis zum Preis von 250. Panisch gehe ich die Seiten nach eingekringelter Ware durch. Schneidkuppensatz; 3.00€. Blechscherensatz; 3teilig mit Links-, Rechts- und Geradeausschneidefunktion nur 6.50€. Doppelt eingekringelt: ein Spanngurt mit Ratschen und Haken für sage und schreibe lächerliche 2.99€! Das scheint sogar mir ein besonderes Schnäppchen zu sein. Universalseil, 25 Meter: 4.99€. Ein Bolzenschneider, extrascharf, für 8.99€. Eine dreifach ausziehbare Haushaltsleiter - bis zu 25m Steiglänge: 29.99€.

Was will er denn damit machen? Muss ich das alles abstauben und pflegen? Vielleicht mit dem Universalheimwerkeröl säure- und harzfrei, geschrumpft in deutscher Qualität im formschönen Dosierkännchen, das in keinem Haushalt fehlen sollte, von Seite 7 - für unschlagbare 50 Cent? Nein - jetzt ahne ich es: Mein Mann plant eine Zweitkarriere als Fluchthelfer. Ja, das ist es. Ganz bestimmt. Er bekam eindeutig zu viel Post von Greenpeace in letzter Zeit.

Was? Spaltaxt mit rutschfestem Gummigriff für 5.99€. Fett eingekringelt und zwei Ausrufezeichen dahinter? Er will mich umbringen! Klar! Er will mich beseitigen. Erst erschlägt er mich mit dem schlagzähen Maßstab von Seite 9 für nur 1.00€ - nein! Er erschlägt mich mit der zwei Meter langen Wasserwaage, ebenfalls von Seite 9. Die kostet zwar 3.99€ mehr, scheint aber eindeutig besser für diesen Zweck geeignet zu sein. Ich würde es auf alle Fälle so machen. Und dann zerhackt er mich in handliche Stücke. Des weiteren eingekringelt: 35 Meter Universalfolie, reißfest, undurchsichtig, 1.60 Meter Bahnbreite und drei Rollen Universalklebeband mit Abroller für zusammengerechnet 8.99€.

Du gute Güte! Mir wird Himmel, angst und bange. Es steht um unsere Beziehung doch schlimmer, als ich befürchtet habe. Vielleicht habe ich in letzter Zeit doch zu viel über seine ständig überall herumknödelnden Klamotten geschimpft. Mein Gott! Und dann hat er doch glatt überlegt, für den Abtransport meiner Leichenteile in einen Palettenhubwagen für satte 169.00€ zu investieren. Ich sehe genau, dass der Einkringelfilzstift schon kurz angesetzt war. Aber er hat sich dann Gott sei Dank doch für die Profisackkarre für läppische 49.00€ entschieden. Schnell überschlage ich. Spaltaxt, Wasserwaage, Folie und Klebeband, und noch die Profisackkarre, macht zusammen 68.97€ - keine 70 Euro - für den perfekten Mord. Da ist ja sogar noch locker der Grabsteinreiniger für 1.50€ drin, den ich gerade noch auf der Rückseite der Wurfsendung entdeckt habe: »Entfernt gründlich und sicher atmosphärische Verschmutzungen und Beläge jeglicher Art und wirkt vorbeugend gegen Neubefall«. Tolle Sache - Reinlichkeit ist mir einfach in jeder Lebenslage wichtig. Klar, *er* wollte sich den natürlich wieder sparen. Schnell orga-

nisiere ich einen Filzstift in passender Farbe und kringele den Reiniger auch noch mit ein. So, jetzt wären wir dann bei 70.29€. Das ist in diesem Monat noch drin. Ja, günstig planen und ständig sparen, das ist wahrhaftig unsere unschlagbare Stärke, und dafür lieben wir uns – bis ans Ende meiner Tage.

Und sollte ich doch noch seinen nächsten Geburtstag miterleben dürfen, dann schenke ich ihm die Armaturen- und Siphonzange, verstellbar bis 80mm, mit Schonbacken für nur 3.00€.

So einfach und günstig kann ich meinem Mann nie wieder eine Riesenfreude bereiten.

Verreist

Reif für zu Hause

Wir haben eine Ferienwohnung auf dem Bauernhof gebucht. 39 Quadratmeter für uns allein. Übermorgen fahren wir für drei Wochen nach Niederösterreich und lassen es uns so richtig gutgehen, da, wo Fuchs und Has sich gute Nacht sagen und die Sonne auf verschlafene Nester und abseitige Bauernhöfe in versteckten Tälern scheint. Da ist nix los, und man kann phantastisch ausspannen. Allerdings nicht sofort.

Erst mal muss ich das Gepäck zusammenstellen. Eine Aufgabe, die ich gern verdränge, bis es nicht mehr anders geht. Egal wie oft ich es bereits getan habe: Das Packen dauert nie kürzer als sieben Stunden. Ich renne wie ein Hamster auf Bunkertour durch die Wohnung und bin ganz sicher, eine strenge Auswahl zu treffen – aber am Ende steht doch der gesamte Hausrat im Flur. Das Gefühl, ungemein wichtige Reiseaccessoires vergessen zu haben, jagt mich dennoch ununterbrochen. Unter Ächzen schließe ich angerissene Reisetaschen und klapprige Kofferschnallen, das klare Signal an meinen Mann, jetzt den Kofferraum vollzuladen. Es geht mal wieder nicht alles rein, also müssen die Kinder hinten eben auf den Fußraum verzichten und die

Fahrt im Schneidersitz hinter sich bringen. Das wird man ja mal, für die paar Stunden, von ihnen verlangen dürfen. Mein Mann muss sich erst daran gewöhnen, dass er nur mit den Seitenspiegeln auszukommen hat; im Rückspiegel sieht er den Schwimmhai von unserer Jüngsten und das Nachosfamilienvorteilspartytönnchen für die Spieleabende. Nach drei Beinahe-Crashs sind wir endlich auf der richtigen Autobahn.

Sechs Stunden später fahren wir auf unseren niederösterreichischen Bio-Bauernhof ein. Die Bäuerin Maria-Theresia zeigt uns stolz die Wohnung im Altbauernhaus neben dem Jungviehstall. Hatte ich von Entspannen gesprochen? Das geht natürlich nicht durchgängig. Leider wurde hier an den Fliegengittern gespart. Sie sind entweder nicht vorhanden oder durchlässig, so dass wir pro Raum im Schnitt siebzehn schwarze Nerver zählen. Ich will als erstes in einen Drogeriemarkt, um Klebehänger und Klatschen zu kaufen. Mir doch egal, dass das verpönt ist. Ganz nebenbei: Gibt es eigentlich auch irgendein Mittel gegen die ungeheuer zutrauliche Familie aus Fürth im Fränkischen, die seit der ersten Minute so tut, als seien wir einzig mit dem Ziel auf den niederösterreichischen Bauernhof gekommen, um mit ihnen gemeinsam die Ferien zu genießen?

Dann kümmere ich mich um das zweitwichtigste Problem. Schließlich will die Familie auch in Niederösterreich was essen. Dazu muss man erst einen dieser Hinterwäldler-Supermärkte finden, in denen dann noch ein paar Lauchstangen von vorletzter Woche vor sich hin welken und, wenn man Glück hat, auch noch ein paar überreife Pflaumen. Und am Aufschnitt-Tresen schneidet einem die freundliche Wurstfachverkäuferin begeistert etwas von der lederigen Putenkrakauer runter. Wahrscheinlich ist sie froh, die Ware endlich loszuwerden, bevor das Verfallsdatum erreicht ist. Die Ferienhausfrau kauft sich, so gut sie kann, Material zusammen, um eine Mahlzeit daraus zu schmieden. Dann kommt die nächste Hürde: Wie bereitet man mit Hilfe eines Frühstückseierkochtopfes (ohne Deckel), eines angebrochenen *und* angekokelten Kochlöffels und einer schwärzlichen Pfanne Spaghetti mit Tomatensoße zu? Von ambitionierteren Kreationen wollen wir gar nicht reden. Ein Familienmitglied muss von einer Vorlegeplatte essen. Es gibt nämlich nicht genug tiefe Teller für alle. Und ein Messer findet die Hausfrau auch nicht für jeden. Die kann man sich ja teilen. Es sei denn, einer möchte vielleicht mit dem Käsehobel essen. Und bei den Trinkbechern müsste man sich auch einigen.

Sie wären jetzt sauer auf Maria-Theresia und würden am liebsten den Kofferraum wieder volladen?

Der Riesenvorteil, den Sie sich genau in dem Augenblick vor Augen halten müssen, wenn die Mängel der Ferienwohnung Ihnen die Laune zu verderben drohen und wenn Sie ernsthaft stinkig werden, weil Ihr Mann keiner von der Sorte ist, der mit links vier Wochen in einem Luxushotel mit Rundumservice (»Darf ich Ihnen noch etwas bringen, Frau Frispel?«) finanziert, sondern Sie statt dessen in diese miese Bude gelotst hat: Zu Hause ist das Paradies, das Sie nur wieder in Besitz nehmen müssen, alles da, alles deins, erprobt, in Schuss, sauber, fliegenfrei, es wartet nur auf dich.

Und bis zur Abreise gehen Sie am besten einfach öfters mal ins Dorf zum Haxnwirt für Schnitzel nach Wiener Art mit Erdäpfelsalat und Marillenknödel. Land und Leute wollten Sie doch eh kennenlernen.

Verunsichert

Hausfrauenkomplexe und wie man sie zerstreut

Meine Freundinnen sind schlanker als ich.
Ich kann Personenwaagen manipulieren.

Die Katzen der anderen haben das glänzendere Fell!
Unser streunender Kater haart aber nicht aufs Sofa, während er der Nachbarskatze nachstellt.

Die Hamster der anderen überleben länger!
Ist das denn wirklich erstrebenswert?

Die anderen essen noch viel mehr Bio!
Eh alles Betrug.

Die anderen Frauen aus dem Viertel sind viel schicker.
Die anderen Frauen aus dem Viertel versuchen, das Planschbecken über den Wasserauslass aufzupusten.

Die Kinder der anderen dürfen nie fernsehen!
Willst du weltfremde Waldörfler?

Die Kinder der anderen kriegen nie Süßigkeiten.
Den Kindern der anderen muss der Zahnarzt ständig

die feststeckenden Vollkörner zwischen den Milchzähnen herausprokeln.

Die anderen haben eine Getreidemühle!
Und ich sage dir: Ein Knopflochschwert fehlt auch niemandem!

Die anderen machen den italienischeren Macchiato mit einer echten großen Kaffeemaschine mit Milchschäumer!
Das Konto der anderen ist noch viel überzogener als unseres.

Verzaubert

Das Märchen von der vorbildlichen Hausfrau

Es war einmal eine vorbildliche Hausfrau. Die lebte mit ihrem Mann und ihren zwei Kindern in einer Hütte mit drei Stockwerken am Rande einer großen Stadt. Es war eine Freude, der Hausfrau bei der Arbeit zuzusehen, denn alles ging ihr flink von der Hand und nichts, was zu erledigen war, vergaß sie. Keine andere verstand sich so trefflich auf die Entfernung von Schweinsfettflecken und das Ausklopfen der Kleider ihres Mannes, wenn er abends stinkend und dreckig von der Arbeit aus der Tretmühle kam. Die vorbildliche Hausfrau buk die rundesten Schmalzbrote und nähte die weißesten Kittelschürzen, und hinter ihrem Haus wuchsen die dicksten Radieschen. Ihre Nachbarinnen sahen zu ihr herüber mit einer Mischung aus Neid und Bewunderung, und sie grämten sich, weil sie dachten, dass sie wohl nie so vorbildliche Hausfrauen werden würden. Und alle Welt nahm an, dass die vorbildliche Hausfrau besonders glücklich sein müsste.

Eines Tages kam eine kleine durchsichtige Fee zu ihr herangeflogen und sprach: »Lass doch das Mangeln für einen Augenblick sein und hör mir gut zu: Ich habe dich beobachtet, schon seit geraumer Zeit. Und da es mir so gut gefallen hat, wie du das Laub in deinem Garten zu einem Haufen gerecht hast und wie du in Windeseile alle Butzenscheiben in deiner guten Stube geputzt hast und wie du deine Stallhasen mit Kräutern und Karotten gefüttert hast, will ich dir gestatten, mir drei Wünsche zu sagen!«

Und die kleine durchsichtige Fee glaubte, die vorbildliche Hausfrau werde sich ganz sicher bis an den Rest ihrer Tage sommerfrische Laken, knusprige Braten und spiegelblankes Silber wünschen. Aber die vorbildliche Hausfrau seufzte drei Mal »Ach!« und hob dann zu sprechen an: »Es täuscht sich ja ein jeder in mir. Schnurzpiepe ist's mir aber doch, ob alles blitzt und blinkt. Das Gemüse bau ich für meinen Mann an, dummes Grünzeug, die Kissen sticke ich für meine alte Mutter, nichts als Blasenwärmer, die Küchlein back ich für meine Kinder, eitles Naschwerk, und die reine Wäsche häng ich für meine Nachbarn über die Leine, linnenes Blendwerk. Wenn ich nur wüsst, was ich selber möcht!«

Die kleine durchsichtige Fee dachte lange nach. Schließlich fragte sie: »Wovon träumst du?«

Und da sagte die vorbildliche Hausfrau: »Von Polkatanz, blutrotem Wein und dem Staub der großen weiten Welt!«

»Aha«, sagte die kleine durchsichtige Fee und run-

zelte ihre kleine durchsichtige Stirn. »Was du brauchst, ist ein neues Leben!« Und sie schwenkte ihren winzigen Zauberstab hin und her, dass die Funken nur so stoben.

Die Hausfrau im Funkenregen warf den Kopf in den Nacken, lachte fröhlich auf und riss sich die blendendweiße Kittelschürze herunter, bevor sie hinaus in die große, weite Welt lief. Und wenn sie nicht gestorben ist, dann tanzt sie noch heute Polka und trinkt Becher um Becher blutroten Weins.

Verspätet

Handwerker: Meister der Wartung

Hallo Jungs! Herzlichen Glückwunsch. Ja, meine ich ganz ernst, wer verdient schon 89 Euro, indem er einfach nur rauchend, eine Hand an der Thermoskanne, bei dröhnend lauter Rockmusik durch die Gegend kreuzt und jede Mutter mit Kinderwagen, die gerade die Straße überquert, in Lebensgefahr bringt? Ihr nennt das dann Anfahrt. Anfahrt pauschal. Super Deutsch. Nach Eurer Anfahrt stürmt Ihr zu zweit meine Wohnung. Eau de naturel in jeder Ecke. Ja, ja, ich weiß, echte Männer finden Deo weibisch. Rennt umher und sucht den Hauptwasseranschluss. Da ist er ja! Nach zwanzig Berufsjahren seid Ihr tatsächlich so ausgebufft, den Hauptwasseranschluss innerhalb von sieben Minuten zu finden. Überraschenderweise war er neben der Waschmaschine. Profis. Klar, merkt man sofort. Wichtiges Klabustern, Hämmern, Kramen in der gigantomanischen, gusseisernen Werkzeugkiste, Hieven, Rucken, Fluchen wie auf St. Pauli. Jeder Seemann wäre stolz auf Euch - oder vor Neid erblasst. Eure Männerarme legen sich um meine Waschmaschine wie eine ausgehungerte Anakonda. Das nennt Ihr dann Wartung. Die Anakonda-Nummer kostet mich die Kleinigkeit von 59,90 Euro. Dafür linst Ihr in die Trommel, baut diverse Teile aus, beseht sorgenvoll den Schlauch, werft einen extrakritischen Blick auf den unebenen Altbau-Standort - und rümpft die Nase, weil rund um den Einfüllrand ein kleines bisschen Dreck klebt. Aber mit unseren Zahnbürsten das Sieb bearbeiten! Ohne zu fragen. Nicht davon zu reden, wie die Toilette aussieht, wenn Ihr strammen Kerle alle erst einmal davor gestanden habt. Wieso kommt eigentlich kein Mann auf die Idee, dass die sich im Brillenbepinkeln äußernde Grobmotorik ein Zeichen der Uncoolness ist?

Aber wisst Ihr was: Ihr seid das personifizierte moderne Leben. Kein Mensch behauptet, dass das billig sei - aber sehr angenehm. Euch rufe ich, Jungs, weil ich eine Luxusnachfahrin der Mittelalterweiber bin. Die Schranzen von einst konnten sehen, wo sie blieben, wenn der Waschzuber geborsten ist. Ich greife zum Telefon und rufe Euch. Kann sein, dass mich das ein paar Zahnbürsten und ein paar Sagrotantücher für die Klobrille kostet, aber dafür muss ich an die kräftezehrenden Zeiten von Pest, Plagen und Pocken nicht einmal denken.

Verborgen

Problemzonen

Es wimmelt nur so von Dingen und Stellen in unserer Wohnung, an die wir ungern erinnert werden, machen wir uns nichts vor, Dinge und Zonen, von denen wir hoffen, dass Besucher sie nicht zu Gesicht bekommen. Weil uns das sonst sehr peinlich wäre. Es gibt Akutversäumnisse, die man einfach nur durchleiden kann: wenn etwa das gebrauchte Kondom von letzter Nacht noch vom Flur aus gut sichtbar neben dem Ehebett liegt. So fühlt es sich an, wenn man innen stirbt und außen strahlt und derweil plant, den Ehemann noch auf der Türschwelle umzubringen. Gegen solche Schwachpunkte ist niemand gefeit. Aber andere Dinge und Stellen lassen sich entschärfen: Das rotweiße Geschirrhandtuch, das in seinem Zentrum immer dunkelgraurot ist, sollte umgehend ersetzt werden durch ein bulthaupwüstegobiedelgraues. Das benutzt man über Monate hinweg, und es ist immer noch bulthaupwüstegobiedelgrau.

Unangenehm auch, wenn jemand den Erde-Sandkasten unterm Schuhregal sieht. Es rieselt halt wie blöd aus jeder Profilrille, zumal Schuheabstreifen bei uns ja scheinbar als verwerflich gilt. Aber jetzt gibt es den

Handstaubsauger »Gene Kelly« in Schirmform. Das Ding verschwindet im Schirmständer und ist doch stets griffbereit, ohne durch seinen spießigen Anblick die positive Atmosphäre unseres Flurs zu killen.

Zusammengezuckt bin ich auch immer, wenn eine hilfreiche Bekannte hinzusprang und flötete: »Lass nur, ich hol schnell die Milch aus dem Kühlschrank!« Das bedeutete schließlich, sie würde die Tür öffnen müssen, und damit war ihr der Blick frei auf das Gemüsefach mit Zwiebelschalen aus zwei Jahrzehnten, einer zu Spargel geschrumpelten Hollandgurke, einer verschimmelten Packung Champignons und einer vergammelten Zitrone. Der Alltag ist halt immer sehr dicht. Man kommt zu so wenig. Für das Gemüsefach gibt es jetzt aber den Kältebewuchspelz »Lappland«: Zwischen den langen Kältebewuchsflauschfransen versinken selbst mittelgroße überreife Avocados! Es wird sich doch ganz bestimmt etwas ergeben für liegengebliebene angesabberte Kinderkekse. Ich denke da an einen Schleimsensor, den man unauffällig unter der Tischplatte montiert. Und der am besten auch dann dezent Alarm gibt, wenn unsere Tigerkatze mal wieder eine tote Maus angeschleppt hat.

Verwettet 2

Sehr geehrter Herr Gottschalk,

noch immer warte ich ungeduldig auf Ihre Antwort. Jeden Morgen renne ich zum Briefkasten, um feststellen zu müssen, dass Sie meinen Wettvorschlag noch immer nicht angenommen haben. Sind Ihnen 800 Kleinteile, die ich am Geräusch des Einsaugens erkennen kann, etwa noch nicht genug? Selbstverständlich trainiere ich weiter und habe meine Fähigkeiten nochmals verbessert. Ich kann jetzt sämtliche Playmobil- und Legoteilchen am Einsaugegeräusch unterscheiden. Ich vermag etwa am Plöngeln zu differenzieren, ob es sich um den winzigen Helm eines Playmobil-Ritters aus der Packung »Die Ritterburg« oder den Helm eines Polizisten aus der Packung »Die Polizeistation« handelt.

Ich kann sämtliche Sorten Snacks aus der Bahlsen-Party-Snackbox an der Saugrohr-Resonanz erlauschen. Besonders diffizil ist hierbei die Unterscheidung der Sesamfischchen von den Erdnusscrackern.

Weiterhin kann ich beim Einschnorcheln von Hundehaaren allein durch die zarten Vibrationen am Saugstutzen 56 Hunderassen unterscheiden und blind zuordnen. Die Differenzierung zwischen Rauhhaar- und Langhaardackelhaaren hat mich allein sieben Monate intensiven Trainings gekostet. Ich kann beim Vakuum-Schlotzen von Reißnägeln am Klimpern die Farben und bei Gummibärchen die Geschmacksrichtung erhorchen. Ich kann am Abrollgeräusch des Bodenteils sämtliche weltweit erhältlichen Ikea-Teppiche nach Typ und Muster zuordnen.

Ich vermag an den Schwingungen meines »Vorwerk Kobold«-Saugers, Wasser- und Erdstrahlungsquellen zu orten. Ich verhandle gerade mit mehreren internationalen Konzernen, die mich engagieren möchten, damit ich für sie in Arabien Ölvorkommen ersauge.

Gerne würde ich Ihnen im persönlichen Gespräch noch weitere Fähigkeiten von mir darlegen, die ich in diesem Brief nicht erwähnen möchte, weil ich mich sorge, Sie würden mich sonst für eine Aufschneiderin halten.

Ich freue mich schon jetzt auf unsere gemeinsamen Stunden bei »Wetten dass ...«.

Ihre treu ergebene
Olivia K.

Verschworen

Bildung revolutionärer Zellen

Geheime Verlautbarung

Ich plane eine Revolution. Und zwar keine friedliche! Eine besonders brutale Armee bestens ausgebildeter Hausfrauen wird die Macht an sich reißen. Wir werden alle unterjochen. Es wird schnell gehen, im Morgengrauen, denn die Armee und die Polizei werden nicht mit uns rechnen. Wie auch?

Das Trainings- und Ausbildungslager der gut zehn Millionen Revolutionärinnen findet komplett in der Anonymität statt. In diesem Fall liegt der Untergrund bestens versteckt. Es wird keine Anti-Terroreinheit geben, die uns aufspürt.

Der Ausbildungsplan ist hart. Da können selbst die Fremdenlegionäre nicht mithalten. Wir beginnen mit klassischem Ausdauertraining. Treppensteigen mit vollem Wäschekorb. Zehn Mal am Tag die enge Kellertreppe rauf und runter. Das ist gut für die Kondition. Dann ohne Licht. Mit Playmobil-Figuren auf der Treppe und den alten Schlappen. Das trainiert das Gleichgewicht und die Konzentration. Jetzt richtiges Schuften beim

Eilstaubsaugen. Hundert Mal runter in die Knie, unters Sofa, in die Ecken. Alles durchkehren. Müll runterbringen, und zwar Papier- und Restmüll auf einmal. Da können jetzt nur noch die Ghurkas und die israelischen Sonderkommandos mithalten. Jetzt kommt das Nahkampf-Training: Extrem-Kriechen in die Ecken, da, wo noch nie zuvor jemand hingekommen ist. Hinter die Waschmaschine, unters Sofa abseilen, ganz rein in den Wäschesack krabbeln, dahin, wo es unglaublich stinkt. Da würde sich endgültig keine andere Armee mehr hineinwagen. Das Ganze natürlich in voller Camouflage mit Gurkenmaske und Blümchenbademantel. Außerdem spezielle Schulung für den Umgang mit Waffen. Wäscheklammerfingermuskulaturtraining. Anschließend Staubsauger auseinander- und wieder zusammenbauen. Nun müssen wir uns noch abhärten: leichtes Verbrennen am Bügeleisen und an der Kochplatte. Mit dem Brotmesser in die Finger schneiden, um die Schmerzen besser zu kontrollieren. Tränenfolter mit rohen Zwiebeln. Die Minenexpertinnen suchen den Kühlschrank ab. Wo ist das Ding, das seit Wochen stinkt? Wer hier Erfolg hat, findet jeden Sprengkörper. Überwindungsübung mit den vollgepupsten Unterhosen

des Gatten. Wer sich da rantraut, schreckt vor nichts mehr zurück, kann auch töten.
Halten Sie dieses kontrarevolutionäre Ausbildungsschreiben geheim. Warten Sie unauffällig, bis es soweit ist. In einschlägigen Boutiquen und auf Spielplätzen werden wir Sie kontaktieren.
Bald schlagen wir los.

Verlaust

Haustier für Mutti

Meine große Tochter hat zwei Schildkröten. Die Viecher werd ich noch bis ans Ende meiner Tage versorgen. Denn die werden hundert Jahre alt. Und wir haben sie als Babys gekriegt. Mein Mann hat ein Aquarium mit 37 Fischen, zwei Seesternen und einem Krebs. Er ist begeistert. Ich würde mich höchstens dann davor setzen, wenn ich ins Koma fallen möchte. Meine kleine Tochter hat einen Spaniel, der sich für mich nicht die Bohne interessiert, weil er von mir als einziger beim Essen nichts heimlich unter den Tisch geworfen bekommt. Meine Schwiegermutter hält sich in der Einliegerwohnung eine Tigerkatze. Ich finde es immer wieder erstaunlich, wieviel Sorgfalt ein einzelner Mensch auf den ordentlichen Zustand eines Katzenklos verwenden kann.

Nur ich habe kein Tier für mich. Ich bekämpfe eigentlich immer nur welche. Die Blattläuse, die Holzwürmer, die Motten, die Mücken, die Zecken. Aber neulich kam mir die grandiose Erkenntnis: Los wirst du all das Geschmeiß doch nicht. Such dir also einen Freund unter denen, die eh da sind: Vielleicht den Marder, der im Gartenschuppen immer die Gummiringe für die

Einweckgläser zerbeißt. Oder das Outdoortrio Maulwurf, Karnickel und Nacktschnecke, die in meinem Garten hemmungslose Feste feiern: wohin das Auge blickt Buddellöcher, Erdhaufen und zerfressene Pflanzen. Ach nein, ich glaub, ich nehm den Schwarm possierlicher Fruchtfliegen (lat. drosophila), die mein Obst bewachen und neuerdings sogar eine kleine Kolonie auf unseren Zahnbürsten haben. Das ist allabendlich ein drolliger Reigen, wenn wir auch mal dran wollen. Ich hab ihnen jetzt abgekaute Melonenschalen hingestellt, und sie sind augenblicklich in einen regelrechten Taumel geraten. Begabte Viecher sind das. Die eine hat so etwas wie einen Doppelsalchow auf der Schale hingelegt, und gleich danach einen Toeloop, da müsste ich mich doch schwer täuschen, wenn nicht. Morgen beginne ich mit der Dressur, so ein Talent muss gefördert werden - ich glaube, wir werden noch richtig viel Spaß miteinander haben.

Verkabelt

Vereinigung von Lockenstab und Pürierstab

Prima, eine neue Nachricht auf dem Anrufbeantworter. Ich drücke auf den Knopf. Aber dann die Enttäuschung: die Nachricht ist nicht für mich, sondern für meinen Mann. Irgendwas Unverständliches. Nur so viel kriege ich mit: Mein Schwiegervater hat mal wieder einen Geheimtipp auf Lager. Ohne Gruß, ohne ein einziges Wort zuviel, brummt er: Multivoltmeter, bei Elektro Konrad, für fünf Euro, ab Montag. Aha, ein Multivoltmeter. Wie groß ist denn so einer? Wie ein Schraubenzieher? Wie ein Generator? Macht der Lärm oder gar Dreck oder beides? Immerhin kostet er nur fünf Euro. Aber unterbringen werden wir ihn demnächst wohl müssen. In einer der Kisten meines Mannes. Die stehen gestapelt in unserem Abstellraum. In den gehe ich ja nur mit gemischten Gefühlen. Denn da muss eh schon mehr rein als reinpasst. Aber damit nicht genug. Ich habe nur einen lächerlich kleinen Bruchteil des Platzes zur Verfügung. Den Löwenanteil nehmen diese Kisten in Anspruch. Nicht irgendwelche Kisten. Die Elektrokisten meines Mannes. Überquellende, unansehnliche alte Pappkisten voll mit Niedervoltleuchtmitteln, Tastern, Madenschrauben, Sturmhaken, Kabelresten und

Verflixt

Verblättert

Verklebt

Vernascht

Vertrocknet

Verschärft

Vernetzt

Verabredet

Verfangen

Verhüllt

Verstaubt

Verdreckt

Verquatscht

Verwelkt

Verschleudert

Verrotzt

am vollsten mit sonstiges. Fünf große Kisten »Sonstiges«. Voller als randvoll sind sie und haben längst ihre verzogenen Deckel gehoben, fletschen ihre Lüsterklemmen, strecken mir ihre dreiadrigen Kabel entgegen, greifen nach mir mit Lötkolben und Phasenprüfern, lauern mit Wippschaltern und Bananensteckern. Da strömen und tasten und kriechen Trafos, Relais und Litzen. Aber alles VDE-geprüft, sagt mein Mann. Der ist quasi im Dauerkabelfieber, ein Leitungsenthusiast.

Immerhin verdanke ich es seinen Kisten mit ihrem verkabelnden Inhalt, dass uns auf den Anrufbeantworter sprechen kann, wer vergeblich an unsere Haustür klingelt. Wechselsprechanlage und Anrufbeantworter sind nämlich per Leitung miteinander verbunden. Die potentiellen Besucher sind nach dem Klingeln mit sämtlichen Telefonen im Haus verbunden - die dann zu läuten beginnen. So konnte es passieren, dass die uralte Mutter meiner Schwiegermama einmal ein nicht eben kurzes Gespräch mit ihrer eigenen Tochter führte, weil sie einfach nicht begriffen hatte, dass die ohne Schlüssel vor der Tür stand und reinwollte, anstatt ein bisschen zu plaudern. Mir entgehen also nicht nur keine Anrufe, sondern auch keine Klingler. Der Paketbote, die Nachbarin, die Heilsarmee oder auch der Mann, der auf dem Gehsteig über einen Rollschuh meiner Kinder gestolpert war und sich mit letzter Kraft an die Haustür geschleppt hatte, um sich zu beschweren und um Erste Hilfe zu bitten - sie alle können ihre Anliegen vorbringen, auch wenn wir gerade ganz woanders sind, sehr praktisch.

Für mindestens so großes Hallo sorgt die Belegung unserer Wandlichtschalter. Unsere Lampen sind allesamt mit einem eigenen raffinierten Dimmerschalter ausgestattet. Keine einzige lässt sich über einen der ursprünglich dafür vorgesehenen Schalter betätigen. Die Wandschalter dienen anderen interessanten, überraschenden Zwecken. Wenn ich ins Wohnzimmer komme und den Schalter rechts von der Tür betätige, senken sich die Jalousien. Der Lichtschalter im Flur lässt die Schuhputzmaschine eifrig rotieren, die mein Mann für 15 Euro einem alten Hotelier abgekauft hat. Und wenn ich den Wandschalter in der Küche umlege, springt die Espressomaschine an und braut mir ein Tässchen. Ohne meinen elektrokundigen Schwiegervater gäb's nicht mal die Hälfte der Schikanen. Aber auch weniger Herzrasen: Etwas Beunruhigendes haben die mit Vorliebe gegen Abend mit ihm geführten Gespräche meines Mannes, wenn er mich mit den Kindern beschäftigt wähnt und mit gedämpfter Stimme in den Hörer raunt, dass er vom Deckenauslass ein Kabel an der Wand entlang verlegt hat, aber im Deckenauslass fehlte der Schutzleiter. Frage: Muss er die an der Wand angeschlossenen neuen Stahlleuchten erden, damit sie nicht unter Strom stehen? Schließlich könnte da ja mal jemand rankommen.

Ich erstarre. Ich kann an nichts anderes mehr denken als daran, dass die Kinder sich den ganzen Nachmittag Stühle an die Wand geschoben und darauf stehend Duschen gespielt haben unter den schönen neuen Stahllampen, die womöglich unter so viel Volt stehen, dass es eine Kuh von den Hufen holen würde. Aber ohne Risiko keine Innovation. Und was mich motiviert und aufrecht hält, ist die Hoffnung auf den Tag, an dem ich endlich meinen Lockenstab auch als Pürierstab einsetzen kann. Mein Mann arbeitet dran.

Verbrochen

Eine Selbstanzeige

Sehr geehrter Herr Kommissar, lieber Staatsanwalt, verehrte Geschworenen,
ich möchte mich heute der Justiz stellen. Ich habe mich entschlossen, meine schlimmsten Verbrechen zu gestehen. Gerne nehme ich eine angemessene Strafe an. Seit vielen Jahren bin ich immer wieder straffällig geworden: Ich habe wiederholt und grob fahrlässig Plastik in die Altpapiertonne geworfen. Und Papier in die Restmülltonne.

Ich habe am 11. Oktober 2004 eine grüne Flasche in den Container mit den braunen Flaschen geschmissen, weil ich zu faul war, zum anderen Container rüberzulaufen. Ich habe von einer Freundin vernommen, dass die Flaschen am Ende ohnehin wieder zusammengebracht werden. Das beruhigte mein schlechtes Gewissen. Durch mein umfassendes und detailliertes Geständnis erhoffe ich mildernde Umstände.

Ich habe meinen Nachbarn dabei beobachtet, wie auch er mehrmals seine braunen Weinflaschen (mein Nachbar trinkt sehr viel) in den grünen Container geworfen hat. Gerne würde ich mit Ihnen über Strafmilderung diskutieren, falls ich mich zu einer Aussage als Kronzeuge bereit erklären sollte.

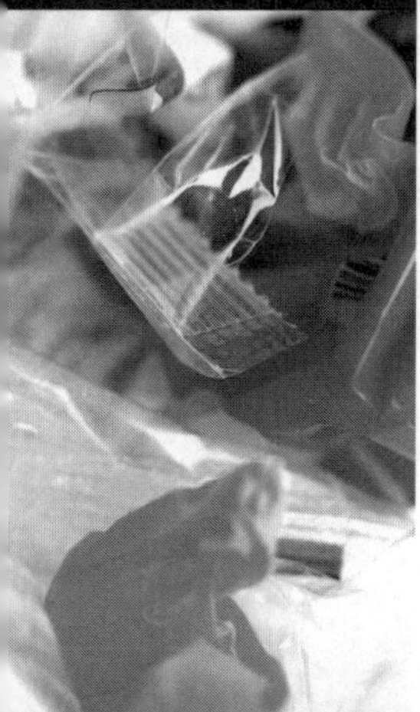

Am 9. Dezember 2002 habe ich mehrere Joghurtdeckel mit altem ranzigem Joghurt in den Alu-Müll geschmissen, obwohl ich weiß, dass es untersagt ist, dreckiges Alu einzuwerfen. Ich fand das schimmelige Joghurt-Deckel-Zeug so widerlich, dass ich es nicht mal abspülen wollte. Ich beruhigte mein Gewissen mit der Vorstellung, die Arbeiter in der Mülltrennungsfabrik würden bestimmt über eine höhere Übelkeitstoleranz verfügen als ich. Inzwischen bereue ich sowohl meine Haltung als auch meine Tat.

Ich gestehe weiterhin, dass ich am 4. Juli 1998 eine große Pappkiste vor der Recyclingstelle abgestellt habe, weil sie zu groß war für den Einwurfschlitz und ich sie nicht mehr zurück nach Hause schleppen wollte. Es stand bereits anderer Sperrmüll herum, was die Schwere meiner Tat womöglich verringert hat.

Ich räume ein, dass ich Milch- und Fruchtsäfte immer noch aus Tetra-Pack trinke, weil mir Flaschen zu schwer sind und die ewige Pfandrückgabe zu viel von meiner kostbaren Zeit in Anspruch nimmt. Strafmildernd bitte ich vortragen zu dürfen, dass wir im vierten Stock wohnen und unser Haus keinen Lift besitzt.

Zuletzt muss ich einräumen, dass ich in meinem Leben kein einziges Mal die braune Biotonne benutzt habe, weil sie mir schlicht zu eklig ist. Die Tonne stinkt wie tausend Russen aus dem Hosenschlitz.

Ich sitze zu Hause auf dem Sofa und warte auf meine Festnahme. Den Koffer mit Unterwäsche und ein paar Büchern habe ich bereits gepackt.

Ihre schuldige
Olivia K.

Vermasselt

Der Igel und der Hase – Eine Fabel

Der Igel und der Hase leben zusammen in einer friedlichen Aushöhlung in einem dicht verzweigten Johannisbeerstrauch. Sie haben beschlossen, gemeinsam zu wohnen, weil es sehr schön und lustig ist, wenn sie Zeit miteinander verbringen. Der Hase kann ganz toll mümmeln, und der Igel erzählt lustige Witze vom Fuchs und der Gans. Jeden Morgen steht der Hase ganz in der Früh auf und hoppelt aufs Feld. Der Igel sitzt den ganzen Tag über in der Wohnung und bemüht sich, dass es nicht unordentlich wird. Er schiebt die alten Salatblätter zur Seite und saugt mit seinem Rüssel den Dreck auf. Er kämmt die Blätter mit seinen Stacheln und glättet den Boden mit seinen zarten Igel-Beinchen. Der Igel freut sich den ganzen Tag auf den Moment, wenn der kleine Hase nach Hause gehoppelt kommt. Dann essen sie gemeinsam: Der Hase isst Karotten und der Igel Würmer und Schnecken. Der Hase erzählt lustige Geschichten über die Maulwürfe und den neusten Tratsch von den Rehen und dem alten Jäger, der schon seit Monaten immer danebenschießt. Der Igel hat meistens nicht soviel zu erzählen, weil er den ganzen Tag zu Hause bleibt. Manchmal ist er ein bisschen traurig, wenn der Hase abends nach Hause kommt und gar nicht bemerkt, dass er den ganzen Tag die kleine Höhle saubergemacht hat. Der Hase ist manchmal etwas nachlässig und lässt die Karottenreste liegen oder macht einen Ausflug mit den anderen Hasen und kommt erst einen Tag später zurück. Das nervt den Igel, der den Hasen manchmal die Stacheln spüren lässt. Der Hase kommt deshalb immer öfter schon mit schlechter Laune nach Hause.

Eines Tages packte der Igel seine paar Sachen zusammen und verschwand.

Die Moral von der Geschichte:
Streng dich an, Hase!

Verwandelt

Vom knuddeligen Kleinkind zum Testosteron-Teenie

Übergelaufene Windeln, geronnene Muttermilch, Spaghetti-Tomatensoßen-Speuz, Gequengel, verwüstete Spielzimmer und Erbrechen vom Hochbett. Wenn's mehr nicht ist. Das nenne ich einen lauen Lenz. Da läuft sich der Motor erst warm. Da ist noch kein Testosteron im Spiel. Da ist noch alles ruhig. Unser persönliches Pompeji steht noch. Der Untergang steht noch bevor. Wohl dem, der nichts ahnt. Vom hormonellen Overkill und seinen Folgen. Wenn unsere knuddeligen, schutzbedürftigen Kleinkinder zu rücksichtslosen Balzmaschinen werden, denen nichts mehr heilig ist. Am allerwenigsten ihre Eltern. Der Bedarf an Klamotten schnellt in die Höhe. Wir wünschten uns sehnlichst, es würde sich nur um so harmlose Dinge wie rosa Pullis und geblümelte Jeans und FC-Bayern-Shirts handeln. Nein, bauchfreie Fetzen und Klumpsneaker sollen es sein, und obendrauf ein Tattoo. Und die Verunstaltungsaktion kostet ein Heidengeld. Das Sie lockermachen sollen.

Bei Ihrem Spross greift jetzt das Herdensyndrom. Ihr Kind tritt nur noch in der Horde auf. Und zum Glück, eigentlich leider, ist es a) recht beliebt und b) wohnen Sie zentral, also hält sich die Horde vorzugsweise bei Ihnen auf. Und zwar täglich. Ständig schlurfen baumlange Kerle durch Ihren Flur und knurren etwas, das Sie bei noch so wohlwollender Interpretation kaum als Begrüßung erkennen können.

Es handelt sich um Heranwachsende, darunter etliche männliche Exemplare, die haben einen Mordshunger, wie ein Heuschreckenschwarm belagern sie Ihre Vorräte, die eigentlich fürs Familienfrühstück reichen sollten. Vergessen Sie's. Was Sie einkaufen, überlebt den Einfall der Horde um allenfalls 20 Minuten. Dann streichen sie sich Ihre Bio-Butter auf Ihr Pinienkern-Sesam-Brot, legen schichtenweise Ihre Mailänder Edelsalami darüber, schälen sich Ihre fair gehandelten Bananen und kauen Ihre edle Bitterschokolade. Und obwohl man den jungen Leuten früh schon einen besorgniserregenden Alkoholkonsum nachsagt, fehlen bei Ihnen allenfalls mal ein paar Zentimeter Eierlikör oder Zweifingerbreit Single Malt. Inflationär weggesoffen wird Ihnen der Kaffee. Sie stehen fassungslos da, weil die Horde Ihre Hochland-Spezialbohne in sich reinschüttet wie in Löcher und in jede Henkeltasse einen überaus großzügigen Schwapp von Ihrer fettarmen Ökomilch und einen gehäuften Esslöffel vitaminisierten Vollrohrzucker aus dem Reformhaus rieseln lässt.

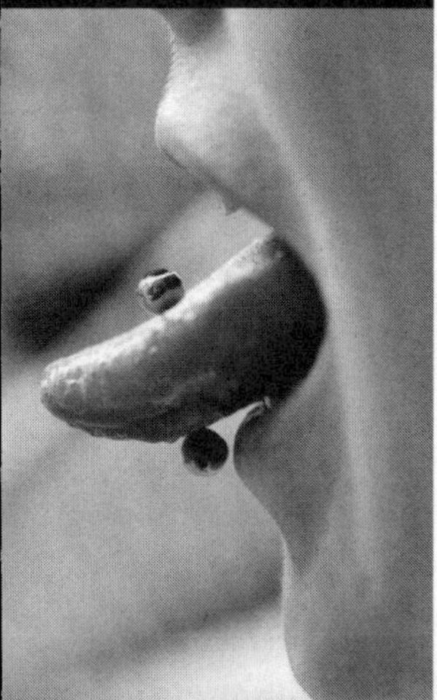

Sie ziehen die Konsequenzen. Den Biomarkt meiden Sie fortan, Aldi, Penny und Lidl sind jetzt Ihr Ziel. Brötchen kaufen Sie im Plastiksack, Margarine im Kleineimer, geschnittene Mortadella im handlich verschweißten 500-Gramm-Stapel. Das Zeug können die jungen Leute auch nicht grillen. So wie neulich die Angussteaks, die Sie abends guten alten Freunden hatten anbieten wollen. Grillen wäre ja noch gegangen. Wenn die Bande es nicht direkt auf dem Herd getan hätte. »Cool« fanden sie das und natürlich »voll krass«, aber »endlecker«. Sie sahen alle sehr zufrieden aus. Im Gegensatz zu Ihnen. Dafür waren Sie Ihrer Tochter extrem peinlich. Trösten Sie sich: Wenn Kinder in ein bestimmtes Alter kommen, sind ihnen ihre Eltern immer peinlich. Keine Mutter sieht so Panne aus wie die eigene, keine andere ist so penibel und kleinlich und vor allem: Keine würde eine nette spontane Grillsession in der Küche vermiesen.

Ihre mütterlichen Gefühle erzittern.

Wie haben die Bürger in der Renaissance das in den Griff gekriegt? Gab's da einfach ein paar ordentliche Maulschellen? Ist die Pubertät im Mittelalter schlicht in der Erschöpfung über den Mühen des Arbeitstages untergegangen? Weil, wer sechzehn Stunden in der Gerberei schuftet, nicht mehr aufmuckt gegenüber Muttern. Hat ein Kaufmannssohn im barocken München seinen Eltern beständig in den Ohren gelegen, er wolle neue Beinkleider und neue Silberschnallen für seine schwarzgelackten Schuhe? Hat der Bursche dann eh die Blattern gekriegt?

Ihr Brutpflegeinstinkt droht zu kollabieren.

Bedenken Sie doch den Vorteil an der Geschichte: Die Zukunft ist nicht länger ein dunkler Hort übler Überraschungen. Sie lernen es, die Zukunft zu schätzen, sie zu lieben, sich geduldig nach ihr zu sehnen. Sie üben sich in Langmut. Denn sie bringt den Tag, an dem der Spuk vorüber ist, den Tag, an dem die bittere Phase der Pubertät ausgestanden ist. Auch das Hirn Ihres Kindes wird nachreifen, wird eines Tages seine brauchbaren Synapsen aus den Fängen der Hormone retten.

Warte, warte noch ein Weilchen.

Verkocht

Sprengforelle und Innsbrucker Krüstchen

Heute gibt's bei uns Innsbrucker Krüstchen mit gebräunter Soße. Ihnen läuft jetzt das Wasser im Mund zusammen? Recht so. Genau das sollte die ansprechende Gerichtsbezeichnung auch bewirken. Geplant war das Krüstchen allerdings nicht. Diese Innsbrucker Krüstchen sollten eigentlich Salzburger Nockerln werden: Dafür sind sie aber eindeutig zu flach und zu kross geraten. Und die Vanillesoße hätte mir nicht anbrennen dürfen. Aber als gebräunte Soße geht sie allemal durch. Das ist mein ganzer Trick. Einfach und hochwirksam. Umbenennung.

Abends, wenn mein Mann nach Hause kommt und sich hoffnungsfroh danach erkundigt, was ich denn gekocht hätte, schmettere ich ihm munter entgegen: Schatz, heute gibt's Holländische Suppe mit Spargelfingern. Wozu soll er sich mit den Malheurs meines Tages belasten, zu denen neben einem zerschellten

Wasserkrug und einem eingelaufenen Wollpullover auch die (viel) zu dünn geratene Sauce Hollandaise und die zu Stücken zerbrochenen Spargel gehören. Sie würden jetzt aber gern erfahren, wie mir all die Spargel zerbrochen sind? Meinetwegen: Während ich den Wutausbruch meiner älteren Tochter zu dämpfen versuchte, die sich beim Basteln mit ihrem letzten gehüteten Glitzerbogen verschnitten hatte, fand meine jüngere Tochter es toll lustig, dass es so winzige Spritzerchen gibt, die ihr im Gesicht rumtanzen, wenn sie ein Stück von einer Spargelstange abbricht. Und noch ein Stück und noch ein Stück. Aber ich verkneif mir den Ärger, es ist ja doch noch ein schönes Essen draus geworden.

Ein großes Hallo erntete ich bei meinen Kindern, als ich statt der versprochenen Springforelle mit Mandelkernsoße - es wäre doch nett, mal zu essen wie bei Janosch -, mit einer Sprengforelle aufwartete. Dass Fisch aber auch so leicht zerfällt. Die Kleinen hatten jedenfalls ihren Mordsspaß daran, dass mir auch mal was kaputtgegangen war, und dann auch noch so gründlich. Morgen versuch ich mich an Bratäpfeln, und eventuell gibt's dann halt venezianische Apfelmousse mit Haselnüssen und Vanillebutter.

Verwischt

Betrachtungen beim Bodenwischen

Wischen. Hin. Wischen. Her. Über Fliesen und Fugen. Terrakotta unter perlmuttfarbener Bodenpflege. Ein bisschen zweideutig sieht das aus. Drüberwischen. Sonderbare Kraft der Assoziation. Drüberziehen. Wie viele verschiedene Kinder mein Mann und ich theoretisch hätten zeugen können. Jeder Spermienfaden hätte mit jedem Ei einen anderen Menschen hervorgebracht. Tausende Mädchen, Tausende Jungs. Tausende Models und Tausende Quasimodos wären drin gewesen, vielleicht ein Einstein, eine Bundeskanzlerin, eine Stabhochspringerin, ein Fremdenlegionär? Oder eine Souffleuse, ein Croupier, ein Lokomotivführer?

Wisch-sch-sch-sch-sch-en. Küche fertig. Rüber in den Flur. Parkett unterm Wischer. Verfischgrätet. Drüber und drüber wischen. In Marseille bekam ich letzten Sommer einen Fisch serviert, der schien nur aus Gräten zu bestehen. Der war auch verfischgrätet. Wie das Sakko des südfranzösischen Multimillionärs, der sich im Supermarkt unsterblich in mich hätte verlieben können, weil keine andere die Artischocken so kenntnisreich und mediterran begutachtet wie ich. Dann würde ich womöglich das schaumwassergetränkte

45x20cm-Wischerrechteck nie wieder über meinen Boden schieben, vorbei an Puppenstubenmöbeln und Schlafanzughosen und Hausschuhen. Statt dessen würde ich von seiner Côte-d'Azur-Terrasse aus das südfranzösische Hausmädchen bei der Arbeit beobachten, während ich an einem Gläschen Champagner mit Aprikosenpüree nippe. Das Trink- und Schwappgeräusch ähnelt ein bisschen dem Wischgeräusch. Schlurp. Faatsch.

Unter Schlurpen und Faatschen gelange ich ins Esszimmer. Wischer frisch eingetunkt: Plaatsch. So ähnlich hört sich's manchmal beim Kochen an. Wenn ich abends schnell was aus dem zusammenwerfe, was ich noch so im Kühlschrank finde. Das Schlaraffenland funktioniert anders. Das Tischlein-deck-dich auch. Schon eine begnadete Köchin würde mein Leben geradezu revolutionieren. Über was ich alles nachdenken könnte, wenn ich mir keine Gedanken mehr um Mahlzeiten zu machen brauchte. Und ums Wischen. Wischen.

Der Wischer zieht mich ins Wohnzimmer. Lauter Sessel, hach je, so viele Beine, um die ich rumwischen muss, und derweil erinnere ich mich, wer so auf diesen Sesseln bei uns Platz nimmt. Kein bisschen ist das hier wie in den Salons von Gertrude Stein oder Rachel Varnhagen oder Stefan Zweig im Exil. Keine Avantgarde, kein Trendsetten, keine intellektuelle Speerspitze. Aber Reden und Rotwein und Käsekräcker. Wie man dem Boden deutlich ansieht. Das Wischrechteck schubbert über die Krümel, die sich da seit mehreren Abenden angesammelt haben, weicht sie auf, verleibt sie sich ein, weg sind sie. Wischeressen. Platz für die nächsten Käsekräckerkrümel.

Und während ich über eine eingetrocknete Bordeauxpfütze schrubbel, denke ich, dass es bei dem südfranzösischen Multimillionär bestimmt nicht so viele Käsekräcker gibt und dass es Gertrude Stein wahrscheinlich kaum je in ihrem Leben so gemütlich gehabt hat wie wir in unserem verkrümelten Wohnzimmer. Und dann schiebe ich rüber ins Schlafzimmer. Da habe ich Gertrude Stein noch was voraus.

Verkauft

Mamas Wohnzimmer

Boris Becker – unvergessen seine Bonmots – sagte, der Center Court in Wimbledon sei sein Wohnzimmer. Mein Nachbar von nebenan sagt, Mallorca sei sein Wohnzimmer, der von gegenüber sagt, seins sei der Golfplatz, und mein Mann sagt immer dann, sein Büro sei sein Wohnzimmer, wenn die Kinder unseres mal wieder umgebaut haben, zur Säbelzahntigerhöhle oder so. Und wo ist mein Wohnzimmer?

Nun, ich habe lange über diese Frage nachgedacht, und ich wäre lieber auf eine andere Antwort gekommen, aber ich will ehrlich sein. Wenn also das Wohnzimmer der Ort ist, an dem ein Mensch sich zu allen möglichen Zeiten häufig und länger aufhält, womöglich mehrmals täglich, und an dem man sich auskennt, der einem vertraut ist, der sogar ein Ort der Begegnung und des Austauschs und der Bedürfnisbefriedigung ist, an dem man Musik hört und auch mal eine Kleinigkeit zu sich nimmt – dann gibt es für mich nur eine mögliche Antwort: Mein Wohnzimmer ist der Supermarkt. Da bin ich ständig, da kenne ich jeden Winkel. Ich treffe dort alte Bekannte, etwa die Kassiererin von Kasse zwei, die seit Jahr und Tag dort Dienst tut und es nicht müde wird, mich aufzufordern, meine Tasche im Einkaufswagen kurz anzuheben. Es könnte ja ein Eckchen Schmelzkäse druntergerutscht sein. Oder die Fleischfachverkäuferin, die mich auch nach Jahren noch irritiert, weil sie »Sonst noch?« immer schon fragt, wenn sie gerade erst beginnt, die 150 Gramm Putensalami hauchdünn abzusäbeln. Oder die Bahlsenknabberbeauftragte, die jede Woche mit etwas anderem an ihrem Probierstand steht. Und natürlich treffe ich jede Menge Eltern und Freunde aus dem Viertel. Ich müsste vielleicht sogar fragen, was mein Leben für einen Inhalt hätte, wenn ich nicht ständig in den Supermarkt könnte. Darüber denke ich ein anderes Mal nach. Arargh. Zum Glück werde ich abgelenkt von einer extrem gutgelaunten Frauenstimme, die durch die Lautsprecher säuselt: »In der Käseabteilung haben wir frisch für Sie aufgeschnitten: jungen Gouda aus Holland für nur einen Euro 39 pro einhundert Gramm. Und ein ganz spezielles Schmankerl (ihre Stimme überschlägt sich fast vor Glück): Büffelmozzarella vom Gardasee, nur drei Euro 80! Greifen Sie zu!«

So ein Supermarkt offenbart mehr Einblicke in das Leben des Kunden, als so manchem lieb sein dürfte. Dabei reicht schon ein gründlicher Blick in den Einkaufswagen der anderen beim Schlangestehen und du weißt verdammt viel: Sekt, Kondome und Scampischwänze am Freitag. Nur Dumme fragen da noch, was das Wochenende bringen soll. 27 Katzenfutterdosen und zwei Dosen Ravioli. Klar, für was diese Rente vornehmlich draufgeht. Sechs Dosen Pilsbier, eine Flasche Korn, eine Tüte Weißbrot. Heijeijei. Überfüllt bis weit über den Rand mit Cornflakes, Nutella, Mini-Joghurts und Putenwienerle: Hier hat eine Hausfrau einen ganz normalen Familieneinkauf zusammengesammelt. Ihr düsterer Gesichtsausdruck lässt vermuten, dass sie jetzt schon eine Krise kriegt bei dem Gedanken, das ganze Geraffel allein in den vierten Stock zu schleppen.

Manchmal stehe ich gemütlich schwatzend eine halbe Stunde in dem Gang mit den Backzutaten. Früher wäre hier der Dorfplatz gewesen. Statt eines Weidenkorbes habe ich eben einen Drahtwagen vor mir. Und wir stehen nicht unter einer alten Linde am Brunnen, sondern unter einem Funktionsspannflachdach am Pfandflaschenrückgabeautomaten. Jetzt erfahre ich neben den Korinthen, dass die Erzieherin ein Verhältnis mit dem Ökokorbauslieferer hat. Oder ein Vater offenbart mir beim Melonenabwiegen, dass er und seine Frau schon seit einem Jahr getrennt sind.

Ich laufe durch die Gänge, suche das zusammen, was immer auf meiner Liste steht: Schokopops, Kräuterfrischkäse und 1,5%ige Milch. Irritiert, fast ein wenig empört reagiere ich, wenn es den Marktleitern und ihren Marketingberatern mal wieder eingefallen ist, alles umzustellen. Ha, ich weiß sehr wohl, was der miese Trick soll: Indem die Hausfrau von ihren ausgetrampelten Pfaden weichen muss, kommt sie an ihr bislang unbekannten Produkten vorbei und tätigt womöglich Impulskäufe. Vielleicht ein Glas Mixed Pickles, weil da, wo früher die Nudeln aufgereiht standen, jetzt die exotischen Partyhäppchen untergebracht sind. Oder weiße papierne Tortenunterlagen, obwohl ich die noch nie im Leben vermisst habe, aber jetzt lagen die Dinger da, wo ich früher immer gleich tonnenweise die Müllbeutel rausgegriffen habe. Ich kann quasi gar nicht anders, als da reinzulangen. Selbst wenn in dem Fach jetzt die Hansi-Hinterseer-CDs gestapelt wären.

Ja, in meinem Wohnzimmer lässt es sich aushalten – da kann selbst Boris Becker neidisch werden. Wer braucht schon einen Center Court, wenn er ein Einkaufscenter haben kann.

Verführt

SCHWESTER JULIA ERFÜLLT SICH EINEN TRAUM – FOLGE 374

Schwester Julia seufzte laut auf. Bald würde sie ihn in die Arme schließen können. Wie lange hatte sie auf diesen Moment warten müssen. Eine angenehme Mischung aus gespannter Vorfreude und tiefster Glückseligkeit stieg in ihr hoch. Mein Gott! Wann hatte sie zuletzt so intensiv gefühlt. Gleich als sie ihn sah, wusste sie es: Er würde ihr Leben verändern. Er würde sie glücklich machen können. Es war nicht nur sein Äußeres. Nein. Natürlich – er sah verdammt gut aus. Aber das war es nicht. Es war seine Art. Sie hatte schon immer nach einem Typ gesucht, auf den man sich einfach verlassen konnte. Das Leben hatte es selten genug gut mit ihr gemeint. Und sie hatte ihren Haushaltsalltag immer mit tapferem Lächeln ertragen. Jetzt musste sie endlich anfangen, einmal an sich zu denken. Ihr war klar, dass ihr Mann niemals davon erfahren durfte. Er würde kein Verständnis für ihre Bedürfnisse aufbringen. Mit ihm darüber zu sprechen, hatte sie schon vor langer Zeit aufgegeben. Aber nun musste sie es einfach tun. Wer weiß, wann ihr das Schicksal wieder ein derartiges Geschenk bereithalten würde. Nervös wie nie zuvor strich sie sich über ihr zartgelocktes, blondes Haar und leckte sich angespannt über ihre wundervoll geschwungenen Lippen. Ob sie mit ihrer besten Freundin darüber sprechen sollte? Hastig tastete sie in ihrer Jackentasche nach ihrem Handy. Nein - es sollte ihr Geheimnis bleiben. Ihre Freundinnen sollten die positive Veränderung bemerken. Sie wollte einmal im Leben ungeteilte Anerkennung empfinden und Bewunderung erfahren.

»Nestor!« Ein ungewohntes Gefühl der Verlegenheit erfasste sie, als sie seinen wohlklingenden, spanischen Namen mehrmals leise vor sich her sagte: »Nestor«. Nestor kam aus Südamerika. Bestimmt konnte man mit ihm auch wunderbar Tango tanzen. Er sah sehr elegant aus und hatte kräftiges, schwarzes, aber doch unglaublich weiches Haar, das betörend duftete. Wie sehr sie sich danach sehnte, endlich durch dieses Haar streichen zu können.

Plötzlich wurde sie durch ein Räuspern jäh aus ihren Gedanken gerissen. Vor ihr stand noch immer Dr. Marquardt. Ihr Nachbar von gegenüber. Er händigte ihr wortlos das Paket aus. Es kam von Quelle. Darin wartete Nestor auf sie - der neue Zauberhandfeger mit Dufthaaren für die anspruchsvolle Hausfrau.

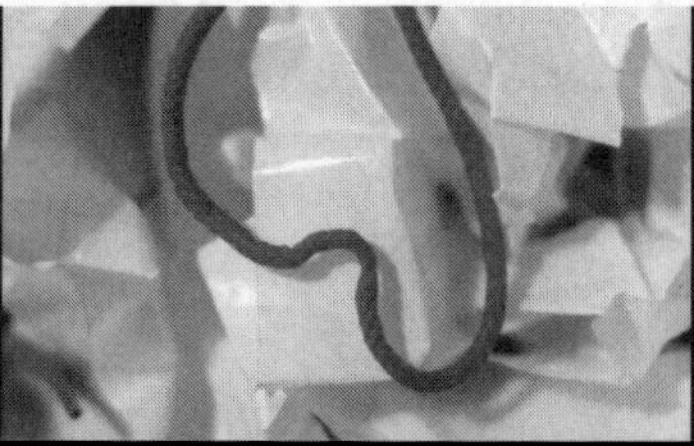

Verjubelt

Weihnachtsstroh an Mayonnaise

Bin ich schon selbst eine Printe? Heiße ich Lametta oder Spekulatia? Oder Kiefa? Eine Tanne ist uns nämlich zu teuer. Unser Geld ist für den Baumschmuck und den eisernen Ständer draufgegangen. Und nicht nur dafür, versteht sich, ich kauf ja schon ab Anfang November nur noch in Sachen Weihnachten ein: Geschenke und Unmengen von Essen, Einwickelpapier, Bändel, Glühwein, Räucherkerzen, Zitrusfrüchte, Mistelgehänge und Krippenstroh. Das Stroh vom letzten Jahr fliegt immer noch überall rum. Neulich hab ich sogar einen Halm in der Packung mit meinen Slipeinlagen gefunden. Aber wo ist eigentlich die Krippe? Unterm Bett in einem verstaubten Karton? Oder auf dem Schrank in einem noch verstaubteren Karton? Mein Mann wird sie ja hoffentlich nicht in den Keller gebracht haben; der ist nämlich abartig feucht, da wäre inzwischen alle Farbe von den Figuren abgeblättert. Meine Herrn, das wäre was.

Schließlich ist unsere Krippe ein Erbstück aus dem Erzgebirge. Das ist da, wo alle Sächsisch sprechen und schnitzen. Ich schnitze ... äh ... schwitze auch. Immer in diesen dicken Winterpullovern auf den Adventsfeiern singen und klatschen und die Plätzchen essen, die ich in der Nacht davor noch schnell gebacken habe. Jeder Kiosk macht eine Adventsfeier. Was denken sich diese Feierwütigen eigentlich dabei? Hat mir der Nikolaus vielleicht eine Handvoll Zeit in den Schuh gestopft? Schön wär's. Oder auch nicht. Wozu will ich denn noch mehr Zeit für schlecht funktionierende Nussknacker und schräge Chöre und Krippenspiele, die eher nach Almabtrieb aussehen? Wie kriegen all die anderen das denn rechtzeitig hin mit dem Dauerfeiern und den Vorbereitungen? Der verdammte Stern für die Kiefernspitze ist auch wieder verschwunden. Wie jedes Jahr.

Wie schaffen es die anderen bloß, entspannt und zurechtgemacht in den Weihnachtsgottesdienst zu kommen? Ich hab dann immer noch einen Klecks Mayonnaise im Haar vom Kartoffelsalatmachen. Aber mein Mann hat gesagt: Das sieht doch nett aus zu deiner Kette aus somalischem Rinderbein, die ich dir letztes Jahr geschenkt habe. Ach, das war Bein? Ich dachte Elfenbein. Na okay, Rinderbein ist natürlich politisch zehnmal korrekter. Passt auch gut, falls mir mal ein Stück Stroh an der Mayonnaise klebenbleibt.

Verwüstet

Die Nilpferdfamilie

»Na, Schatz, wie hast du den Tag heute rumgebracht?« ist eine Frage, mit der Sie eine Vollzeit-Hausfrau und Mutter niemals nach der Arbeit begrüßen sollten. Hausfrauen brauchen das Gefühl, dass ihr Tun mindestens so anspruchsvoll ist wie der Beruf ihres Mannes. Sie wollen ihre Leistung beachtet, geschätzt und respektiert wissen. Nur dann können sie es ertragen, jeden Tag aufs neue hinter ihren Mitbewohnern herzuräumen. Dauernd auf die geleistete Arbeit hinzuweisen, findet man als Hausfrau genauso peinlich wie die Familienmitglieder nervig. Ihre Mitbewohner sollen es einfach sehen und sich entsprechend stubenrein verhalten!

Aber an den meisten Tagen scheint es so, als würde wieder einmal niemand merken, dass der Boden frisch gewischt ist, alle Oberflächen spiegeln und der zwei Meter hohe Bügelwäschehaufen weggearbeitet wurde. Respektlos latschen alle mit ihren Straßenschuhen durch die Bude, drücken ihre Dreckpfoten gegen sämtliche Einrichtungsgegenstände und reißen im Vorübergehen das frischgestärkte Herrenoberhemd vom Bügel. Meine Wutausbrüche scheinen genauso unbeeindrukkend zu sein wie die eben noch schnell geputzte Fensterfront. Mit dem beiläufigen Satz: »Was gibt es eigentlich heute zu essen?« versucht mein Mann vom Thema Ordnung abzulenken. Ich gebe auf. Es hat einfach keinen Sinn.

Ich muss es anders angehen. Ich muss subtile Zeichen setzen, die einfach verstanden werden. Ich überlege lange. Mir fallen die Klopapierrollen in Hotels ein. Um dem ankommenden Gast zu signalisieren, dass nach der Abreise seines Vormieters gereinigt wurde, ist oft der herunterhängende Streifen der Klopapierrolle mittig zu einer Spitze gefaltet. Ob ich das übernehmen sollte? Sie würden es nicht wahrnehmen. Die Zahnputzbecher in durchsichtige Folie einzupacken lässt sich wiederum mit meinem Umweltbewusstsein schlecht vereinbaren. Ich könnte nach dem Fensterputzen einen Knoten in den Vorhang machen. Überhaupt könnte ich geputzte Schuhe einfach mit den Schleifen zusammenbinden und nach dem Rauswischen einen Stuhl auf dem Tisch stehen lassen. Auf die Bettkissen lege ich die Papierchen von ausgepackten Schokoladenstückchen. Dann ärgern sie sich, dass ein Familienmitglied schneller bemerkt hat, dass die Betten frisch bezogen wurden, und nach dem Bügeln verspinne ich die komplette Wohnung mit dem Bügeleisen und ungefähr 25 Verlängerungskabeln. Im frischgewienerten Waschbecken lasse ich einfach demonstrativ den Scheuerlappen liegen, und den blitzblanken Spiegel drehe ich mit der spiegelnden Seite zur Wand. Meine Gedanken amüsieren mich.

Aber wenn ich noch mal genauer darüber nachdenke – was würde denn wirklich passieren? Sie würden wie immer einfallen, wie eine Horde Nilpferde. Sie würden mit ihren Matschpfoten wild schnaubend durch meine kunstvolle Kabelverspannung trampeln und alle Verankerungen aus der Wand reißen. Dann würden sie den Knoten im Vorhang entdecken. Fröhlich schnaubend würden meine Nilpferdkinder darauf zustürmen und anfangen, den Knoten zwischen sich hin- und herzuschwingen. Sie würden auf die Idee kommen, den einzeln auf dem Tisch stehenden Stuhl mit dem Knoten abzuschießen, und es würde ihnen gelingen. Sie würden über mich herfallen, weil ihnen jemand die Schokolade weggegessen hat, und sie würden aus Rache zwei Stunden lang durchheulen. Am nächsten Morgen würde der Nilpferdbulle den im Waschbecken liegenden Scheuerlappen unbekümmert mit seinem Rasierschaum-Stoppelmus überdecken, er würde sich auch nicht die Mühe machen, den Spiegel umzudrehen. Er würde es nicht einmal bemerken. Die Jungtiere würden den verpampten Lappen rücksichtslos auf den Boden fallen lassen oder ihre Zahnpastaspucke noch obendrauf sprotzen. Halbseitig rasiert und mit Zahnpasta im Mundwinkel würden sie achtlos in die frischgeputzten Schuhe springen und losstürmen. Nach zwei Schritten würden sie gnadenlos auf ihre verklebten Nilpferdschnauzen fallen, weil sie nicht bemerkt hätten, dass die Schuhe untereinander zusammengebunden waren. Und dann ginge wieder das mindestens zweistündige Geschrei los. Nee, ich glaube, ich lasse das Ganze.

Bevor sie heimkommen, schreibe ich eine Nachricht: »Bin im Kino; komme spät; wartet bloß nicht auf mich!« Ein faszinierender Dokumentarfilm steht auf dem Programm: »Nilpferde hautnah - leidenschaftlich und wild«.

Verschönert

Kein Osterlamm aus Tran!

An Ostern herrscht Kitschalarm. Denn die Welt ist gerade erst aus ihrem Winterschlaf erwacht, giert nach Hübschem und Ansehnlichem, während draußen kahle Bäume rumstehen und die winterlichen Hundekothaufen aus den vom Räumdienst notdürftig an den Straßenrand geschobenen, dreckigen Großstadtschneebergen hervortauen. Angesichts so viel ästhetischer Rücksichtslosigkeiten freut sich alles wie närrisch über sprießendes Grün, und wenn's mal mehr als 12 Grad Celsius hat, da ist der Geschmack quasi angetaut, da schleichen sich überbissige Häschen auf die Fensterbänke und puschelige gelbe Küken auf die Gesimse, und alles sitzt auf grünem Ostergras, das es jetzt gottlob auch in Gelb gibt.

Das ist eine Hausfrau ihrer Umgebung schuldig: Gebinde und Gelege, wohin das Auge blickt, voll mit Leinenschleifen und Weidengeflecht und Filzeiern und Servietten in Grüngelborange und dazu passende Kerzen in Eierform. Wenn Optik einen IQ hätte, dann läge der jetzt bei höchstens 79. Also knapp lebensfähig. Ich hab mir ja an einem Haselstrauchzweig, der vollgehängt war mit allerlei österlichem Friemelkram und

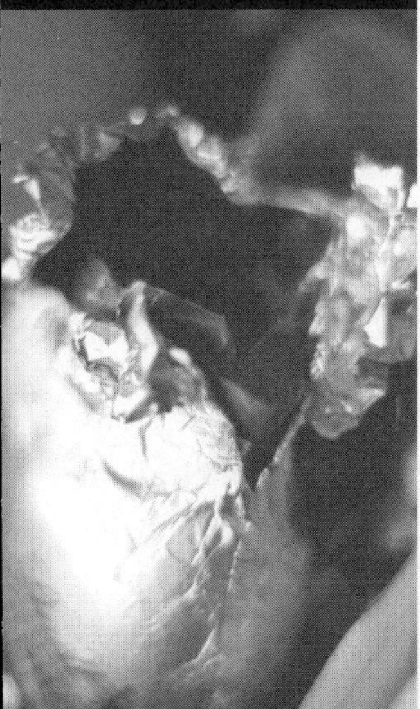

vielen steinharten kleinen bunten Holzeiern, meine lässig ins Haar hochgeschobene Sonnenbrille zerhauen. Warum hängt jemand das Ding auch quer in den Raum? Um mir mein Prada-Geweih vom Haupt zu fegen? Dafür war ein leuchtendrotes Pergamenthühnchen in meinem Haar hängengeblieben; das ersetzte mir quasi die goldene Trottelmütze, derangiert wie ich war. Und da hab ich beschlossen: Ich hau ab. Irgendwohin am besten, wo es immer Winter ist, nach Grönland oder Alaska oder Lappland oder Spitzbergen, da friert den Legehennen der Hintern weg. Tran lässt sich nicht in Lammform pressen, und aus Seehundfell lässt sich kein Kranz binden.

Verstreut

Mutti allein zu Haus

Ich versorge ja nicht nur meinen Mann und meine Kinder. Obwohl das wahrlich mehr als ein Full-time-Job ist. Ich halte auch noch einen kleinen, hibbeligen, müffelnden Zoo am Leben. War nicht mein Wunsch, das steht fest. Aber meine Kinder hängen an Fips, Pips und Zottel (den Meerschweinchen), Bine und Trolli (den Wellensittichen), Wulle, Pelle und Kuno (den peruanischen Zwergmäusen). Und sie vergöttern Herbie, der bei mir übrigens immer nur Nervi heißt, unseren Chow-Chow-Boxer-Mischling, ein sagenhaft hässliches Vieh, immerhin friedlich und lieb zu den Kindern.

Bislang hab ich ja immer gegen meine Aggressionsattacken angekämpft, wenn ich morgens endlich allein zu Hause war – alle Menschen im Kindergarten, in der Schule und bei der Arbeit – und auf einmal die Tiere allgegenwärtig waren, anstatt dass ich auch mal ein Minütchen hätte verweilen oder einfach nur in Ruhe die Spülmaschine ausräumen können.

Wenn ich die Zeitung aus dem Briefkasten holen oder das überall rumfliegende Spielzeug ins Kinderzimmer tragen wollte, schallten mir, jedesmal wenn ich an dem unverschämt riesigen Käfig vorbeikam, die

Ohren vom hysterischen »hiiiiep, hiiiiep, hiiiiep« von Fips, Pips und Zottel (die bei mir übrigens nur Fiep, Pups und Trottel heißen), die ihr ganzes hektisches, kleines Meerschweinchen-Leben lang nichts, aber auch gar nichts anderes im Sinn haben als Salat, Salat und Salat.

Aber ich trete jetzt nicht mehr fast gegen die unverschämt riesige Käfigwand. Ich trage meine Nager-Aversionen nicht mehr den ganzen Tag wie einen ätzenden Ausschlag in meiner Brust mit mir herum. Nein, ich lächele zwischen den Gitterstäben hindurch – hallo Fiep, Pups und Trottel, na, mal wieder mächtig aufgeregt heute? –, und in meinem Geist tut sich eine Szenerie auf, eine Moorlandschaft in Norddeutschland, aber keine von heute, sondern eine von vor 3000 Jahren, als die Sümpfe noch unerforscht und extrem matschig und grenzenlos gefährlich waren. Ein falscher Tritt und der unselige Moorbesucher war für immer gefangen, Zentimeter um Zentimeter verschlungen von bräunlichem, modrigem Erdschleim. Und dorthin locke ich Fiep, Pups und Trottel. Sie rennen natürlich sofort in die erstbeste Moorgrube und versinken elendiglich fiepend, während sie bis zuletzt mit ihren lächerlich kleinen, schwachen Beinchen nach Halt strampeln ... aber da ist kein Halt, nein, kein Halt für Fiep, Pups und Trottel. Ich schwelge in dem langsam verblassenden letzten

Bild. Abreagiert und vollkommen entspannt schnippe ich ein paar Salatblätter durch die Käfigklappe. Ruhe für zehn Minuten.

Länger allerdings nicht. Dann beginnen Wulle, Pelle und Kuno (die bei mir übrigens nur Stulle, Delle und Dummo heißen) wie die Blöden in ihrem Laufrad herumzueiern. Meine Güte, selbst peruanische Zwergmäuse könnten ihr kleines Hirn doch für würdigere Übungen gebrauchen als für so ein demütigendes Laufrad. Aber meine Kinder bestanden bei der Einrichtung des Zwergmauskäfigs auf nichts anderem, Hauptsache ein Laufrad. Und das wird benutzt bis zum Abwinken. Nachtaktive Verräter! Das »Schrappschrappschrapp« von Plastik auf Stroh, Körnern und Kötteln lässt sich gern auch mal zwischen zwei und fünf Uhr früh hören. Wie immer wirbelt das wild rotierende Laufrad den ganzen Schlamassel auf, nicht wenig fliegt durch die Miniaturritzen des Käfigs – und wer darf's wegmachen – klingeling – hier kommt die Antwort: ich natürlich! Und gleich neben dem Käfig hängt meine goldene Trottelmütze, die ich immer dann aufsetze, wenn eine es mal wieder heillos übertrieben hat und ich sie wegen einer geschwollenen Laufradpfote zum Tierarzt karre. Hat mich früher fertiggemacht. Früher. Inzwischen freue ich mich auf eine neue kleine feine sadistische Imaginationsorgie.

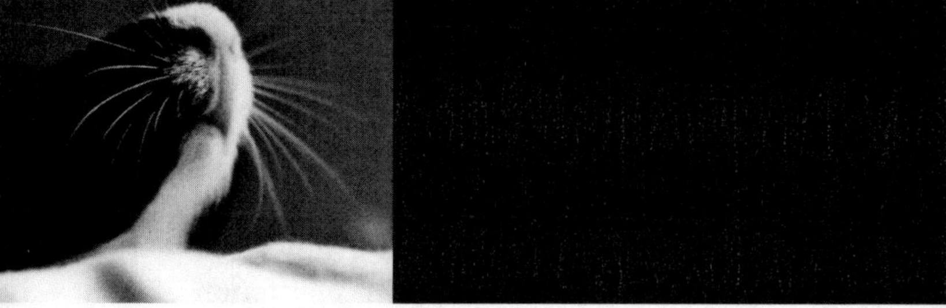

Für Stulle, Delle und Dummo lasse ich heute im Geiste die Viper aus dem Terrarium des durchgeknallten Biologen zwei Stockwerke über uns frei. Die Schlange findet ihr Ziel. Sie hat seit vier Monaten nichts mehr gefressen. Sie ist entzückt, als sie drei peruanische Zwergmäuse auf einem Haufen sieht. Auf einem Angsthaufen, möchte ich sagen. Denn Stulle, Delle und Dummo drängen sich beim Anblick der Viper so eng aneinander, dass kein Unterscheiden mehr möglich ist. Es hilft ihnen freilich nichts. So viel Adrenalin verträgt eh kein Zwergmausherz. Wenn die Viper nicht nach ausgiebigem Züngeln und Maßnehmen aus gelben Schlangenaugen kurzen Prozess gemacht hätte, wären Stulle, Delle und Dummo eben einem Infarkt erlegen. Kein Trippeln im Laufrad mehr. Keine Mausekost auf meiner Einkaufsliste mehr. Gottvolle Vorstellung!

In meiner nach diesem kleinen Aversionsparcours wieder recht heiteren Wirklichkeit erneuere ich das Trinkwasser, hänge dem Trio ein Mineralknabsi rein und überhöre für ein paar Minuten das Rattern der

Mäusetretmühle. Kunststück, denn Bine und Trolli (die bei mir übrigens immer Trine und Volli heißen), beschnäbeln sich laut trillernd und flattern dabei hektisch auf ihrer Sitzstange herum, so dass Federchen, Vogelsand, Kotbröckchen, Milben und Futterreste in meiner Küche niedergehen. Ein Dreckteppich entsteht. Ich freue mich nicht. Ich finde die beiden Flattermänner nicht süß. Ich lade - imaginär - die Nachbarjungs und ihre besten Freunde ein, Prachtburschen sind das, alle so um die neun Jahre alt. Die Jungens wollen gern Jäger werden, am liebsten Wilderer. Zwei fluglahme Wellensittiche sind natürlich keine echte Herausforderung, aber immerhin eine kleine Übung. Trine und Volli torkeln durch die Zimmerluft und versuchen den ungewaschenen Jungenhänden zu entgehen. Was nicht so einfach ist, denn die zukünftigen Wilderer sind flink und entschlossen. Eine wackelige Vorhangstange oder ein verstaubter Spielestapel auf dem Regal sind keine Zuflucht. Habt Ihr Euch so gedacht, Trine und Volli, war aber nichts! Flattert weiter, sucht Euch ein Plätzchen, Ihr werdet keins finden, die Wilderer sind überall. Ihr seid kleine dicke desorientierte Ziervögel, für die es womöglich das Beste wäre, aus dem gekippten Fenster zu trudeln, dann könntet Ihr uns einfach in der großen weiten harten Welt verlorengehen. Aber Ihr findet das Fenster nicht, Ihr flieht auf den Schrank.

Aber ungelenk, wie Ihr nun einmal seid, landet Ihr dahinter, seid einfach in die große schwarze Schlucht zwischen Schrankrückseite und Wand gerutscht, dorthin, wo der Staub und die Spinnen und die verlorenen Socken und die vermissten Legosteine der letzten Jahre schon sind, da steckt Ihr fest, ach je. Natürlich wollen die Wilderer Euch da rausholen. Sie ruckeln am Schrank, zerren und schieben, es quietscht und rumpelt ganz gewaltig und - ach, das war wohl zu viel für Euch. Als Euch die kräftigen Jungshände packen und laute Stimmen rufen: »Wir ham se!«, rührt Ihr Euch schon nicht mehr. Wie traurig.

Traurig wären meine Kinder, wenn Euch wirklich was passieren würde. Ich entfluse das Glöckchen, das Ihr von früh bis spät so gern bimmeln lasst, ich wische den kleinen Spiegel sauber, in dem Ihr Euch so gern selbst betrachtet, und ich wische den mikroorganischen Mülltteppich rund um Euren Bauer weg. Ich komm dann nachher gleich wieder, wenn Ihr mit der nächsten Beschnäbelsession fertig seid.

Und nun zu Dir, Nervi, hast Du da etwa gerade eben meinen neuen Fußabtreter vollgesabbert?

Verräumt

Häuslebauers wichtigstes Accessoire

Als der erste Urmensch irgendeinem Säbelzahntiger seine erste verlotterte Höhle abrang, hatte er endlich etwas, worin er seinen kostbarsten Besitz verstauen konnte: seine behaarte Gefährtin, seine vielen kleinen behaarten Urmenschenkinder, sein Feuer, seinen spitzen Lieblingsstein, mit dem sich die fetten Urmurmeltiere so prima zerlegen ließen, und seinen tollen extralangen Schachtelhalm, mit dem er sich an seinem von Wanzen zerbissenen, total behaarten Rücken kratzen konnte. Was damals noch niemand wusste: Der Mensch ist ein Verstauer. Die Höhle war nur der primitive Anfang. In den Jahrmillionen danach sollte es zu wahren Verstauungsorgien kommen.

Kaum wurde das menschliches Wesen genannt, hatte es Lendenschurze und Lederwamse, die ja irgendwo aufbewahrt werden mussten, die Urform der Kisten und Kästen und Schränke ward geboren. Vorratskeller wurden gebuddelt, Aussteuertruhen geschnitzt, Hütten gezimmert und Verschläge fürs Vieh gebaut. Nachdem dann noch endlich einer das Rad erfunden hatte, war der Weg geebnet für eine weitere Spielart des Verstauens, für ein besonderes Heiligtum des modernen Homo sapiens, quasi ein häuslebauerisches Accessoire, ein Schrein der Begierde und des Stolzes: die Garage. Technisches Wunderwerk (fernbedienbares Tor) und Multifunktionshalle (Werkstatt, Lager, Aufenthaltsort) in einem.

Unvergessen wie Dan Tanna alias Robert Urich mit seinem schnittigen roten Flitzer in der Serie »Vegas« in seiner Garage einbremst und - Wunderwerk amerikanischer Innovationsarchitektur - sofort im Wohnzimmer steht, wenn er in seinen oben kolossal engen und unten unsagbar schlagweiten Blue jeans lässig über die Cabriotür gehechtet ist. Der Neid von 96 Prozent aller Männer war ihm sicher (die anderen vier Prozent waren senil oder impotente Veganer ohne Führerschein).

Dabei ist eine Garage doch nur ein besserer Geräteschuppen, ein moderner Stall fürs Nutztier der Neuzeit gewissermaßen. Aber die gefühlte Bedeutung macht die Garage zum Pantheon. Das ist bei uns auch nicht anders. Alles, was meinem Mann lieb und teuer ist, befindet sich hinter dem grauen Kipptor. Nicht nur der lofotengrüne Cherokee, sondern auch sein Werkzeug und die Arbeitsbank. Eigentlich braucht er sonst nichts auf der Welt. Vielleicht noch ein paar Boxershorts, sein Aftershave und seine Leonard-Cohen-CDs. Wenn ich ihm dann ab und zu mal ein Salamibrötchen reinbringen würde, gäb's für ihn keinen zwingenden Grund, die Hallen des Glücks und der Zufriedenheit zu verlassen.

Läuterung, die gute altmodische Läuterung hält mich aufrecht. Schließlich erginge es mir weit schlechter, wenn er an fernen Gestaden sein Glück suchen würde anstatt nebenan in der Garage. Oder wenn er dauernd ins Casino wollte, anstatt nur seine Flügelschrauben und Radmuttern zu sortieren. Oder wenn er unbefriedigte Bedürfnisse hätte, die nicht durch einen Lappen und einen Topf Lackwachs zu befriedigen wären. Schmier ich ihm doch schnell noch ein Salamibrötchen.

Vernarrt

Männer und ihre Autos

Die Beziehung meines Mannes zu seinem Auto ist so, wie seine Beziehung zu mir war, als er mich gerade kennengelernt hatte. In der allerersten Woche. Als er um mich geworben hat, gebuhlt regelrecht. Als er Dinge getan hat, an die er sich heute nicht einmal mehr unter Hypnose erinnern würde. Er hat mir die Türen aufgehalten und Blumen geschenkt, er hat mir jeden Wunsch von den Augen abgelesen. Er hat mich mit seinem neuen Auto durch die Gegend chauffiert. Wir haben es sogar einmal auf dem Rücksitz getrieben. Es hätte mich allerdings schon damals stutzig machen müssen, als er kurz nach dem Orgasmus brüllte wie ein Hirsch: »Pass auf, dass nichts auf den Bezug kommt.« Doch es war schon zu spät. In Panik schrubbte er mit dem Taschentuch an dem Fleck herum, den seine Mannesmilch verschuldet hatte. Während ich in postkoitaler Regungslosigkeit verharrte, robbte er scheuernd durch den Fond. »Es ist Alcantara-Leder«, brüllte er, als hätte er den Verstand verloren. Schon damals hätte ich das Weite suchen sollen. Aber ich war jung und unerfahren und ich liebte ihn.

Das Drama ist jetzt schon über zehn Jahre her. Mein

Mann hat inzwischen ein neues Auto. In unserer Beziehung, das behaupte ich mal so, ist der Lack ab. Das wird bei seinem Auto sicher nicht passieren. Denn er geht einmal in der Woche zum Autowaschen. Aber natürlich nicht zu irgendeiner Tankstelle mit profaner Bürstenwaschanlage, die womöglich mikroskopische Lackschäden verursachen würde. Oh nein, er fährt eine halbe Stunde zu einer feinfühlig-sensiblen Lumpenwaschanlage, die seinen Wagen sorgfältig von ersten Staubansätzen befreit. Natürlich das volle Programm mit Unterbodenschutz und Heißwachs für 24,90 Euro. Dann nimmt er sämtliche Ein-Euro-Stücke, die er während der Woche horten konnte, und wirft sie nacheinander in den Tankstellen-Staubsauger, mit dem er stundenlang durch den Innenraum seines Wagens turnt, als würde er mit einer nimmersatten Würgeschlange kämpfen. Dann prüft er minuziös Wasser-, Öl- und Luftstände und kehrt feierlich in die heimische Garage zurück. Ich sage ihm dann, dass er bei mir kostenlos staubsaugen kann, so viel und lange er möchte. Aber das interessiert ihn nicht. »Du kümmerst dich um die

Wohnung und ich um das Auto«, murmelt er erschöpft vom Sofa.

Dann stehe ich am Bügelbrett und richte in Gedanken mal wieder unsere Sofaecke neu ein: Vielleicht sollte ich lieber zwei alte Käferrückbänke statt der Eckcouch nehmen, zwei Fußmatten davorlegen und den Wohnzimmerlüster mit einem Duftbaum versehen. Dann würde mein Mann bestimmt auch zu Hause gerne saugen.

Vergriffen

Spontaninterview neben den Henkelkartons

Schlechter als die Mädels aus der Salatsoßen-Reklame sehen meine Freundinnen und ich auch nicht aus. Und alberner kichern tun wir schon gar nicht. Und unsere Klamotten suchen wir uns auch nicht in diesen heissa-hoppsassa Kinderfarben aus. Eher wie die von den *Du-darfst*-Frauen, nur machen wir nicht so einen Bohei um ein paar Scheiben Putenwurst. Wenn Aufstand, dann schon eher wegen *Rügenwalder Teewurst,* weil die so sonderbar schmeckt, fettig mit zu viel Salz, auweia, so was hauen sich auch nur die Bauern am Holztisch rein, und zwar nur noch die aus der Werbung, die einen Etat hat wie ein nordkoreanischer Spielfilm.

Die Bauern in echt sehen ja inzwischen vielerorts schon aus wie der *IKEA*-Mann, der sich endlich auf dem Teppich von seiner Frau verführen lässt. Wann ist mir das eigentlich zuletzt passiert? Im übrigen, zu *IKEA* muss ich dringend. Jeder muss ja immer dringend mal wieder zu *IKEA.* Dann sieht es bei mir vielleicht ein kleines bisschen mehr so aus wie bei den Wunderhausfrauen aus der Reklame, die in riesigen, ich meine: riesigen Küchen und gigantomanischen Bädern mit Hilfe von geligen, bakterienbekämpfenden und total hart-sanften Reinigern für blitzende Sauberkeit und keimfreie Hygiene sorgen. Denn sie tun natürlich alles für ihre adretten, irre gutgelaunten Familien, mit denen zusammen sie so gern ein leckeres, spritz- und tropffreies Fertiggericht kochen, das praktischerweise aus 27 verschiedenen, mit frischem Leitungswasser angerührten Tütenpulvern besteht.

Und wenn's mal einen Fleck gibt: kein Problem, die Werbehausfrau hat ja am Vortag mindestens beidhändig das ultrageperlte, hyperoxydaktyve Waschpulver im praktischen Henkelkarton mit Portionsauswurf abgegriffen und dabei zufällig einen Journalisten getroffen, der gerade neben der Europalette mit den Henkelkartons stand und diesen Ausbund hausfraulicher Zufriedenheit einfach mal total objektiv dokumentieren wollte, indem er spontan ein paar Interviews führte. Die Reklamekinder stören auch nie, wenn Mutti mit jemand anderem redet, sind alle total auf Zack, sagen Schlauheiten zum goldrichtigen Zeitpunkt und lachen sich beim Naschen fröhlich an.

Meine Kinder beschimpfen mich, wenn es Broccoli gibt, drohen mir an abzuhauen, wenn ich mal vergessen hab, Toast zu kaufen, ziehen los, um sich 'ne bessere Mama zu suchen, wenn ich vom Aufräumen rede, und klauen sich gegenseitig ihre Süßigkeiten. Dann gibt es lautes, langes Riesengeheule, das ich immer noch am besten mit einem Pippi-Langstrumpf-Video in den Griff kriege. Wir haben halt keinen Stall voller Ponys hinterm Haus, auf deren Rücken sich meine Landkinder mal schnell schwingen können, um sich bei einem Ritt übers Stoppelfeld abzureagieren und dann einen extrem gesunden Cerealienriegel reinzuschieben. Ganz so viele Vitamine wie *nimm 2* hat der wahrscheinlich nicht. Wenn man der *nimm-2*-Mutti glauben darf, dann ist es quasi unverantwortlich, wenn Kinder ohne die gelben und orangen Klebebollen aufwachsen.

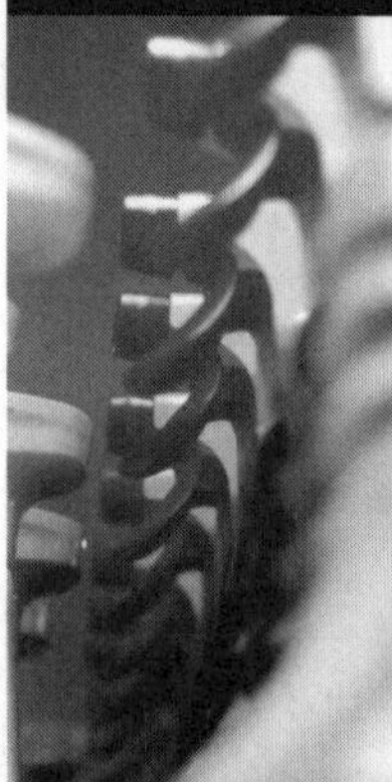

Und ich gucke mir diesen klinischen Reigen an, noch einen Spot und noch einen Spot, und auf einmal halte ich es wie die vorbildliche Hausfrau in dem Märchen von der vorbildlichen Hausfrau: Im Funkenregen des implodierten Fernsehers werfe ich den Kopf in den Nacken, lache fröhlich auf und umarme meine Kinder: Was für tolle, freche, gar nicht saubere, gar nicht naseweise kleine Früchtchen das doch sind!

Verkleidet

Mein Mann und die Mode

»Der Mann geht, wie er die Frau hat«, pflegte meine Mutter zu sagen. Das möchte ich mir nun wirklich nicht nachsagen lassen. Mein Mann ist bezüglich Klamotten ein hoffnungsloser Fall.

Mein Mann hat immer den dritten Hemdknopf offen, hat immer irgendwo einen Fleck oder ein Loch in der Oberbekleidung, und er schafft es, seine Pullover nicht nur links herum zu tragen, er zieht sie dann auch noch verkehrt herum an, so dass das Wäscheetikett freudig unter seinem Adamsapfel flattert.

Als wir uns am Anfang unserer Beziehung im Schwimmbad trafen, wäre ich vor Scham beinahe ertrunken. Ich schwamm bereits im Becken, als mein Mann die Schwimmhalle betrat. Er schlenderte unbekümmert am Beckenrand entlang. Ich hyperventilierte fast bei seinem Anblick. Ich konnte vom Becken aus einmal quer durch seine Badehose durchgucken. Vom rechten Hosenbein unten, nach oben links – alles bestens einsehbar. Ich schluckte vor Schreck mehrere Liter gechlorten Wassers, bevor ich eilends auf ihn zuschwamm, um ihn vom ausgeleierten Zustand seiner Badehose in Kenntnis zu setzen. Als ich mich ihm endlich näherte, sah ich, dass zu allem Überfluss ein circa zwei Meter langer Gummifaden hinten aus der Badehose hing, an dessen Ende sich ein Knoten befand, der munter hinter ihm über die rutschfesten Fliesen hüpfte. Meine hastig vorgetragenen Bedenken schienen ihn nicht weiter zu beeindrucken, und es erübrigt sich zu sagen, dass er sich bis heute nicht von dieser Badehose getrennt hat. Im übrigen trägt er gerne alle seine Klamotten bis zum bitteren Ende auf. Zu seinem Fundus gehört auch der pipigelbe Schlafanzug mit den komplett ausgeleierten Bündchen, die ihm an den Armen bis zur Armbeuge und an den Beinen bis zu den Kniekehlen reichen. Der Schlafanzug mit dem verwaschenen blauen Doppeldeckerflugzeug vorne drauf ist seit ungefähr 30 Jahren sein Lieblingsstück.

Aber was soll's? Letztendlich zeugt es von einem beneidenswerten Selbstbewusstsein, wenn jemand mit einer mit Hansaplast notdürftig reparierten Brille mit nur einer Verglasung auf einer Vernissage aufscheint und nicht krampfhaft meint, allen unsäglichen Modetrends folgen zu müssen. Und außerdem bin ich davon überzeugt, dass mein Mann höchstpersönlich für den Trend verantwortlich ist, die Jeans unterhalb des Pos zu tragen und dabei oben die Unterhose rausschauen zu lassen. Der macht das seit Jahrzehnten schon so. Der Siebziger-Jahre-Retro-Style ist auch von ihm begründet, und bald werden alle den dritten Hemdknopf offen lassen und das rechte Radlerhosenbein in den Socken gestopft tragen. Überall in den Schaufenstern werden Doppeldeckerschlafanzüge hängen, und das offene Hosentürchen mit dem keck rausstehenden Hemdzipfel setzt sich bestimmt auch schon bald durch. Was meine Mutter dann wohl sagen würde.

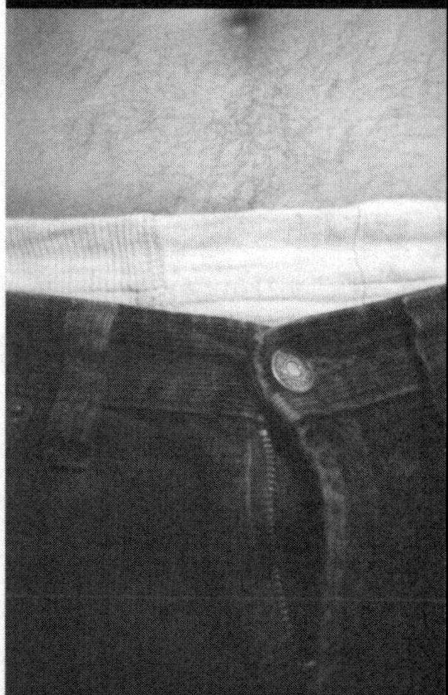

Verschenkt

Kindliche Kunstwerke

Oh, schön. Das Lächeln gefriert mir im Gesicht. Unser Kleiner hat uns im Kindergarten ein Weihnachtsgeschenk gebastelt. Hast du das etwa ganz allein gemacht? Wirklich? Und die Farbe, dieses Mittelbraun-Mausgrau, hast du ganz allein ausgesucht? Und auch ganz allein draufgemalt? Muss ja auch nicht überall Farbe sein, es ist ja schön, wenn man von deinem wunderhübschen, knubbeligen Salzteigrahmen auch ein bisschen den Salzteig sieht! Und toll, dass er so groß ist, da kriegen wir ja locker die Collage aus Altpapier und Herbstblättern rein, die ihr uns zum Nikolaus geklebt habt, macht ja nix, dass du ausgerechnet die modrigen Blätter aus der alten Pfütze erwischt hast, die passen farblich richtig gut!

Wo hängen wir denn den Rahmen mit Bild dann bloß auf? Da müssen wir aber einen besonders schönen Platz finden. Ich strahle meinen Sohn an und sehe dann auf sein diarrhöfarbenes Kunstwerk. Himmel! Lass mich mal nachdenken - ach egal, Mama, kannst du dir aussuchen, sagt er da großzügig. Dem Herrn sei's getrommelt und gepfiffen! Mein Sohnemann hat genug Lorbeeren eingeheimst. Mehr wollte er gar nicht hören.

Er trollt sich. Ich halte diesen unterirdisch hässlichen Salzteigrahmen in Händen. Ob ich den heute schon wegschmeißen kann oder ob er morgen noch mal danach fragt? Kaltes Mutterherz! Ob das Horreur aufweicht, wenn ich es in den feuchten Altbaukeller stelle? Ach was, wozu wegschmeißen, am besten tu ich's in meine Sammlung: Dinge, die Mama lieber gar nicht haben wollte. Das wird wieder ein Kichern, wenn meine Freundinnen zum Frühstück kommen.

»Überprüft eigentlich irgendwer den Geschmack von Erziehern und Erzieherinnen auf den Akademien?«, fragen wir uns mitunter. Solche ästhetischen Zumutungen müssen doch echt nicht sein! Meine Güte, welche Mutter reißt sich denn um Fimokerzenhalter, deren Kokelgestank sich in der ganzen Wohnung festkrallt, oder Briefpapier mit Fotos von der einen krepeligen Topfpflanze im Gruppenraum des Kindergartens? Und wenn mein Kind hundertmal selbst scharf gestellt und den Auslöser gedrückt hat, mir doch egal. Jetzt ist der jämmerliche Ficus benjaminus jedenfalls nur halb drauf, dafür aber ganz die ausgetretenen Hausschuhe, Größe 46, des Kindergartenleiters, mit denen die Kinder wahrscheinlich wieder mal Bootfahren gespielt haben. In meinem Küchenschrank steckt immer noch irgendwo das Schälchen, das mein kleiner Schatz zum letzten Muttertag aus dem Lehm zusammengematscht hat, mit dem er und seine kleinen Freunde sich während der Waldwoche immer beworfen haben. Hab ich das den anderen eigentlich schon gezeigt?

Ich liebe Sabines Geschichte von Maltes Bild mit der Blumenwiese, auf der ganz viele kleine Bienen aus winzigen Papierknüllen herumflogen. Und wenn man genauer hinguckte, waren ein paar von den emsigen Tierchen kleine Popelbollen, die so schön auf dem Umweltschutzpapier klebengeblieben waren. Was sie wohl damit gemacht hat? Sie hatte erwogen, es als Ostergeschenk »von Malte für Omi« für ihre Schwiegermutter zu nehmen; die sieht nicht mehr so gut. Aber es wäre halt schon wieder ein Bild gewesen. Und die verschenkt

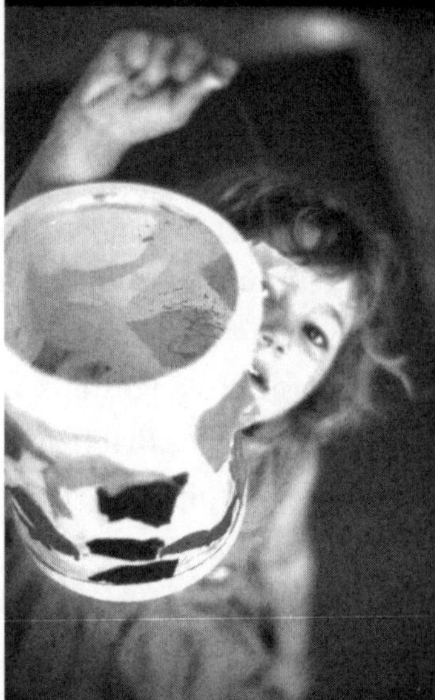

man ja eh schon tonnenweise, weil die meisten Eltern zwischen Stapeln von Kindergemälden fast die Orientierung verlieren. Immerhin sind Bilder flach. Im Gegensatz zu den Bergen von Lampions, Körbchen und Wattemännchen, die die Regale verstopfen.

Lustig ist auch Claudias Gesicht, wenn sie sich an Leas schiefes Spanschächtelchen aus dem »Kinder-für Wertstoffe-sensibilisieren-Projekt« erinnert. Das Ding ging vor lauter draufgeklebten, schlecht gereinigten Joghurtbecheraluminiumdeckelknüddeln gar nicht mehr zu und roch schlimm nach geronnener Milch. Aber die Erbtante hat sich riesig gefreut.

Silke nimmt jeden Morgen ein bisschen Fingerfarben zu sich, seit Jonas ihr zum Geburtstag ein Frühstücksbrettchen bemalt hat und darauf besteht, dass sie es auch wirklich benutzt, obwohl die Farbe sich beständig ablöst. Aber letztlich tut sie es gern. Denn wer weiß schon, ob aus dem kleinen Leimverschmierer von heute nicht ein Andy Warhol von morgen wird. Dessen muffigen bemalten Schuh wollte zu Hause auch niemand haben.

Verbraten

Wundersame Verwandlungen

Ha! Ein Gefühl des Triumphes macht sich in mir breit. Die olle Aldi-Nudelumverpackung steckt tief unten im Müllbeutel. Ich mache mich ebenso genüsslich wie sorgsam daran, die Hartweizenspiralen in die schöne alte Biotüte umzufüllen. Sogar den kompostierbaren Klemmverschluss habe ich aufbewahrt. Und dann ab in den Schrank mit der gelungenen Mogelpackung. Angeblich 3,49 Euro ausgegeben statt lumpiger 79 Cent! Damit bin ich den Gucci-Slippern um 2,70 Euro näher gekommen. Jetzt sehe ich mal nach, wie es den Lidl-Äpfeln geht, die seit einem knappen Monat unter dem Küchenbüfett lagern. Sehen sie schon schön natura aus? Na, geht so, die können noch ein bisschen, aber die Wal-Mart-Bananen daneben haben sich während der letzten Tage in total ansehnliche fair-trade-Costa-Ricas verwandelt, die kann ich schon mal vorholen und mittig auf dem Obstteller plazieren. So werden aus 1,09 Euro mit ein wenig Geduld 4,17 Euro. Ungemein befriedigend. Dann gehe ich gucken, was die drei Lauchstangen so machen, die ich nach dem Einkauf im Penny-Markt gleich gar nicht hinten aus dem Fahrradanhänger rausgenommen habe, damit sie die für

Bioware typische, leicht angeschlagene, ein wenig muffige Patina bekommen - einfach super hilfreich sind da die Kopfsteinpflasterstrecken, von denen es leider auch immer weniger gibt - die verwandeln rumpelnd und dotzend jede schnöde Hollandtomate in einen wunderbaren Ökoschrumpel. Und katapultieren auf diese Weise meine Haushaltsausgaben in schwindelnde Höhen. Was ich angeblich alles ausgebe. Hihi. Mein Mann denkt, ich veranschlage wunder was für biodynamisch erzeugte Kost, richtig süß.

Die neuen roten Pumps hatte ich schon dreimal an. Scharfe Teile! Einmal auch in der Kneipe, in der ich immer Klopapier mitgehen lasse. Im »Want some more?« arbeiten die noch nicht mit diesen wagenradgroßen Rollen, die zwar vier Monate halten, die aber beim besten Willen nicht unter meinen Pullover passen, wenn ich das Wischpapier unauffällig raustragen will, damit auf der Familientoilette kein Mangel herrscht. Das spart enorm viel; man denkt nämlich gar nicht, wieviel Geld eine vierköpfige Familie im Jahr für Toilettenpapier raushaut. Zu meinen Kniffen gehört auch, dass die Kinder nur selten Schokolade und Gummibärchen oder so'n Zeug kriegen, bei uns gibt's meistens Traubenzuckerbonbons. Die greife ich faustweise in der Apotheke ab. Gegen Abend achten die auf so was nicht mehr so. Gleich danach gehe ich in die Bäckerei zur happy hour. Eine halbe Stunde vor Toresschluss gibt's dort alles für die Hälfte, was bis dahin noch niemand haben wollte. Dann nehm ich halt das Leinsaat-Kleie-Weizenkeim-Brot, dessen Werbeplakat diskret darüber informiert, dass es nach dem Genuss einiger Leinsaat-Kleie-Weizenkeim-Schnitten mit der Verdauung nur so fluppt. Soll mir recht sein. Wenn schon alles in ein Brot gemengt wurde, was eigentlich niemand so richtig mag. Eine gute Verdauung hat im übrigen noch niemandem geschadet.

Auf dem Heimweg denke ich über ein paar Gebühren nach, die diesen Monat von uns verlangt werden könnten. Etwa eine einmalige Taubenkotentfernungsgebühr. Die Viecher sind aber auch eine Plage. Ich hab da so ein hübsches geblümeltes Sommerkleid gesehen ... Zudem plane ich, mal wieder nebenbei zu erwähnen, dass wir halt einen ganz schön starken Glühbirnenverbrauch hätten, als würden die gefressen, aber in so 'ner Lampe steckste halt nicht drin, und die freudlosen Energiesparleuchtmittel machen ja so ein jammervolles Licht, die will ja keiner freiwillig ertragen. So eine Sparbirne hatten wir mal in der Küche im Einsatz, die killte mit ihrem funzeligen Schein, dem man labile Psychen echt nicht aussetzen sollte, sogar den Anblick von dem rotglühenden Cabernet Sauvignon (der in Wirklichkeit ein Château Frispel aus dem Allkauf war),

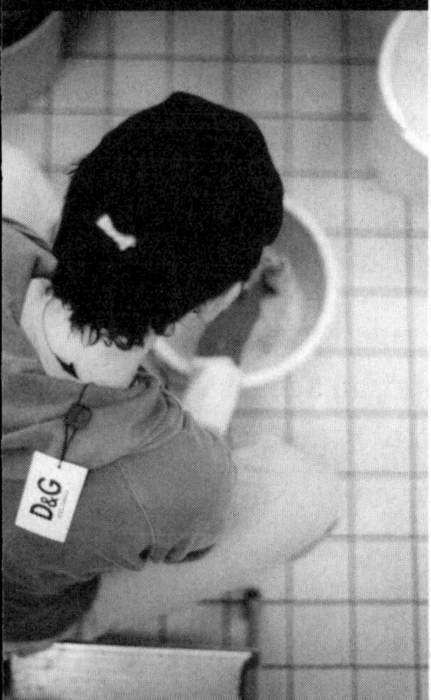

der sah aus wie fauliger Traubensaft. An dem Anblick konnte ich nichts drehen, nicht wie bei dem Butterzopf aus der Kaufhalle, den ich mit ein paar Prisen Zimt und einigen Fingerspitzen Dinkelschrot in ein Bio-Landglück-Getreide-Krüstchen verwandelt habe. Neulich hatte ich meine liebe Mühe mit einer Antwort, als ich ein nicht sehr attraktives Nackensteak im Toom-Markt erwischt hatte und es als Biofilet kredenzt habe. Das war auch dreist, zugegeben. Mein Mann sah ganz irritiert auf, nachdem er beim Absäbeln eines Stückes ganz komische, irgendwie kunststoffartige Geräusche verursacht hatte, und sagte: Das Filet ist aber durchwachsen heute. Aber ich hab ihm erklärt, dass die glücklichen

Rinder, die bei Wind und Wetter jedes Kräutchen auf der naturbelassenen Wiese selbst suchen müssen, halt ein bisschen zäher sind.

Wenn ich durchs Pfuschen mal wieder ein erkleckliches Sümmchen zusammenbekommen und mir einen neuen Pulli gegönnt habe, trage ich ihn einfach. Denn auf die unsichere Frage meines Mannes: »Ist der neu?« hilft immer die Antwort: Ach, Schatz, *den* habe ich doch schon ewig! Gelegentlich schlingere ich aber auch mal haarscharf an der Enttarnung vorbei. Wie vorgestern, als ich vergessen hatte, das Preisschildchen von dem neuen Dolce-und-Gabbana-Shirt zu entfernen. Das Päppchen wippte fröhlich mit, während ich die zertretenen Erdnusslocken vom Teppich saugte, die die Kinder beim Pippi-Langstrumpf-Video verloren haben.

Mein neuester Coup ist der Lupo, an den ich einfach ein gemopstes Passat-Schild geklebt habe. Ist noch niemandem aufgefallen, dass wir für einen Kombi einen ganz schön fipsigen Kofferraum haben.

Das haben Sie mir jetzt aber nicht mehr geglaubt? Oder etwa doch? Du liebes bisschen! Man wird sich doch noch was Lustiges ausdenken dürfen. Wozu brauch ich denn rote Pumps? Und für wie doof hält hier eigentlich irgendwer meinen Mann?

Verwettet 3

Sehr geehrter Herr Gottschalk,

langsam werde ich wirklich sauer. Jetzt habe ich Ihnen schon zwei Briefe geschickt, und Sie haben mir immer noch nicht geantwortet. Was denken Sie sich eigentlich? Und was muss ich sehen, wenn ich mir Samstag abend »Wetten dass ...« anschaue? Sie bringen lauter Männerwetten. Typen, die mit Baggern auf einem Bierfilz einparken. Oder mit dem Kran ein Glas Wasser einschenken. Oder mit der Nase eine Eisenbahn schieben oder einen LKW-Schlauch durch Aufblasen zum Platzen kriegen.

Wissen Sie, wo Sie wären, mit Ihren blöden Baggerfahrern und Eisenbahnschiebern, wenn es nicht 50 Millionen Hausfrauen gäbe, die ihre belämmerte Sendung anschauen? Ohne uns müssten Sie noch die Morgensendung im Bayerischen Rundfunk moderieren. Aber ich gebe Ihnen noch eine Chance und schlage Ihnen noch ein paar Wetten vor.

Ich wette, dass ich es schaffe,

... das gesamte »Wetten dass ... «-Studio während einer Sendung zu saugen.

... mit Handwäsche einen Pfirsich-Rotwein-Johannisbeer-Problemfleck aus Ihrem Hemd zu bekommen.

... sieben Hemden in einer Minute zu bügeln.

... mit verbundenen Augen eine holländische Tomate von einer Früherdbeere zu unterscheiden.

... 172 Kirschkerne neben den Mülleimer zu spucken.

... 35 komplette Geschirrservice in eine herkömmliche Spülmaschine zu bekommen.

... mein Leben lang den Haushalt zu machen, ohne auch nur einziges Mal dafür »Danke« gesagt zu bekommen.

Da müsste doch jetzt was für Ihre Sendung dabeisein, oder?

Ich erwarte Ihren Anruf
Olivia K.

Versteckt

Das lustige Suchspiel mit 40 Fehlern

Ich putze sehr gerne. Am liebsten das Klo und den Backofen. Das eingebackene Fett und der aggressive Harn lassen sich total leicht abwischen. Ich genieße es, neben der Schüssel zu knien oder bis zur Hüfte im klebrigen Backrohr zu stecken. Ich bin auch sehr gut im Reinigen der Heizung. Der Haushalt ist ohnehin viel weniger Arbeit, als die meisten Leute denken. Man kann sich nachmittags auch mal ein paar Stunden aufs Sofa legen und in Ruhe schlafen.

Mein Mann ist viel zu fleißig daheim. Wenn mal was rumliegt bei uns in der Wohnung, dann sieht er es sofort und räumt es weg. Wenn der Müll auch nur dreiviertel voll ist, trägt er ihn unaufgefordert nach unten. Er sagt, sonst fühle er sich nicht wohl in der Küche, wenn er mal wieder eines seiner Fünf-Gänge-Menüs zaubert.

Mir ist es wirklich egal, was meine Schwiegermutter über meincn Haushalt dcnkt. Ich räumc nicht krampfhaft auf und putze auch nicht hektisch die ganze Wohnung, wenn sie zu Besuch kommt. Da muss ich schon lächeln, wenn sie mit einem leicht säuerlichen Gesicht aus der Toilette kommt und fragt, ob meine

Putzfrau krank ist. Dann sage ich, weil meine Putzfrau immer so pünktlich und eifrig ist, da habe ich ihr zwei Monate Zusatzurlaub gegeben.

Mein Hobby ist es, in unterschiedlichen Supermärkten nach Sonderangeboten zu fahnden, damit mein Mann ein paar Euro Haushaltsgeld sparen kann. Das Geld kann er doch gut für seinen Stammtisch oder die Reparaturen seines Motorrads brauchen. Ich finde, das Geld steht mir nicht zu, weil ich ja nicht arbeite, sondern nur den Haushalt mache. Das kann man ja mit der Verantwortung und dem Stress einer wirklichen Arbeit gar nicht vergleichen.

Meine Kinder sind sehr gut erzogen und brauchen kaum Aufmerksamkeit von mir. Sie streiten sich nicht und sind gerade krampfhaft bemüht, die Wohnung sauberzuhalten.

Wenn mein Mann abends nach Hause kommt, bemühe ich mich, dass er sich gleich aufs Sofa legen kann. Schön, wenn wir dann den ganzen Abend zusammen die DSF-Übertragung des 2. Liga-Spiels Unterhaching gegen Greuther Fürth gemeinsam im Fernsehen verfolgen können. Ich finde, es reicht, wenn ein Vater einmal im Monat mit den Kindern in den Zoo geht, schließlich haben sie ja mich zum Spielen.

Jetzt ruft schon wieder eine meiner Freundinnen an. Ich telefoniere nicht sehr gerne. Da bin ich ganz kurz angebunden. Obwohl es so viel wichtige Sachen zu besprechen gäbe.

Sie sind tatsächlich auf 40 Fehler gestoßen? Und das auch noch sofort beim ersten Durchgang? Glückwunsch! Sie scheinen unser Buch wirklich aufmerksam gelesen zu haben!

Dank an unsere Familien für den Dreck und die tägliche Inspiration